NÁSSARA

Carlos Didier

NÁSSARA

passado a limpo

JOSÉ OLYMPIO
EDITORA
Rio de Janeiro, 2010

Reservam-se os direitos desta edição à
EDITORA JOSÉ OLYMPIO LTDA.
Rua Argentina, 171 – 3º andar – São Cristóvão
20921-380 – Rio de Janeiro, RJ – República Federativa do Brasil
Tel.: (21) 2585-2060
Printed in Brazil / Impresso no Brasil

Atendimento e venda direta ao leitor:
mdireto@record.com.br
Tel.: (21) 2585-2002

ISBN 978-85-03-01100-6

Capa: Victor Burton
Desenhos: Acervo família Nássara
Ilustrações das páginas 38, 41, 62, 138, 158, 161: Coleção Museu Nacional de Belas Artes/IBRAM/MinC
Diagramação: Editoriarte

Livro revisado segundo o novo Acordo Ortográfico da Língua Portuguesa.

CIP-BRASIL. CATALOGAÇÃO NA FONTE
SINDICATO NACIONAL DOS EDITORES DE LIVROS, RJ

D553n Didier, Carlos, 1954-
Nássara passado a limpo / Carlos Didier. – Rio de Janeiro : José Olympio, 2010.
il.

Inclui índice
ISBN 978-85-03-01100-6

1. Nássara, 1910-1996. 2. Caricaturistas - Brasil – Biografia. 3. Compositores – Brasil Biografia
4. Caricaturas e desenhos humorísticos – Brasil. I. Título.

10-4698. CDD: 927.415
CDU: 929:741.5

Sumário

Agradecimentos 7

Apresentação 9

Nássara passado a limpo

Fontes 175

Acervo Nássara no Museu Nacional de Belas-Artes 179

Musicografia Nássara 191

Índice 237

Agradecimentos

A

Antonio Nássara, pelos depoimentos sobre Noel e Orestes e bate-papos sobre música popular — ao longo dos quais me contava, aos poucos, sua própria história.

Millôr Fernandes, pela análise da caricatura de Nássara e cessão de *Poesia de litígio conjugal alienígena.*

Oscar Barbosa Mattos Jr., neto do coração, a quem dona Iracema, sua avó, confiou a guarda dos direitos do caricaturista-compositor.

Imagens

Ângela Pôrto, filha de Sérgio Porto.

Doracy de Souza Franco, herdeiro de Orlando Silva.

José Maria e Maria Cecília Dias da Cruz, filhos de Marques Rebelo.

Maria Lúcia Rangel, filha de Lúcio Rangel.

Marluze Goulart de Souza, herdeira de Wilson Baptista.

Nelly Gnattali, viúva de Radamés Gnattali.

Roberto Carvalho Barbosa, neto de Orestes Barbosa.

Depoimentos

Armênio Mesquita Veiga, compositor.

Euclydes de Oliveira, colega de Nássara no curso preparatório.

Fernando Pereira, contrarregra do *Programa Casé.*

Iracema Neves Barbosa, viúva de Nássara.

Ivo Pereira dos Santos, filho de Américo, companheiro de Nássara na imprensa.
José Antônio Nonato Duque Estrada de Barros, pesquisador.
Mônica Xexéo, diretora do MNBA.
Orestes Barbosa, parceiro de Nássara.
Roberto Martins, parceiro de Nássara.

Entrevistadores

Cássio Loredano, Isabel Lustosa, João Máximo, Luiz Carlos Saroldi, Marques Rebelo, Moacyr Andrade, Nei Hamilton, Ricardo Cravo Albin e Simon Khoury.

Acervos

Academia Brasileira de Letras, BBC News, Casa Civil — Base da Legislação Federal, CPDOC da Fundação Getúlio Vargas, Funarte (CTAC), *Diário de Pernambuco*, Fundação Casa de Rui Barbosa, Gerdal José de Paula, Humberto Franceschi, Instituto Cravo Albin, Instituto Moreira Salles, Itaú Cultural, *Jornal do Brasil*, Miguel Ângelo de Azevedo (o Nirez), Museu da Imagem e do Som — RJ, Museu Nacional de Belas-Artes, Observatório da Imprensa, Rádio Jornal do Brasil, Sesc — RJ, The British Monarchy — Official website e União Brasileira de Compositores.

Ajudas e incentivos

André Seffrin, Bruno Liberati, Carlos Renato da Rocha, Dagoberto Souto Maior Jr., Daniel Barretto da Silva, Francisco Dias da Cruz, Gustavo Didier, Henrique Couto da Nóbrega, Jonas Vieira, Jorge de Salles, Luís Antônio Giron, Mário Sève, Mayra Brauer, Paulo Roberto Pires, Pedro Martins Caldas Xexéo, Raul Milliet Filho, Ricardo Salles, Roberto Gnattali, Sérgio Cabral (pai), Tárik de Souza e Vicente Oliveira do Carmo.

Nássara
caricaturista e compositor

Antonio Nássara foi grande em época de gente graúda. Floresceu quando floresciam Ismael Silva e o samba do Estácio, Cartola e as escolas de samba, Noel Rosa e os astros do rádio, a geração de ouro que mudaria a fisionomia da cultura carioca.

Em 1929, no jornal *Crítica*, de Mário Rodrigues (pai de Nelson, outro talento florescente), começou a aprender os ofícios de paginador e diagramador que sustentariam o homem elegante e boêmio. Em 1932, como locutor e redator de anúncios do *Programa Casé*, criou o primeiro *jingle* brasileiro — um ano antes de estourar como compositor, com a marchinha *Formosa* (com Jota Ruy). Depois viriam *Caixa Econômica* (com Orestes Barbosa), *Retiro da saudade* (com Noel Rosa), *Florisbela* (com Frazão), *Meu consolo é você* (com Roberto Martins), *Alá-la-ô* (com Haroldo Lobo) e *Mundo de zinco* (com Wilson Baptista). Ao todo, mais de duzentas.

Nássara, ótimo na composição, como caricaturista foi um caso à parte. Millôr Fernandes e Jaguar, que o levaram para *O Pasquim* no início da década de 1970, o consideram insuperável. Jaguar acredita que ele fazia, não uma caricatura, mas um "logotipo". Já Millôr garante que era "único", um "gênio" do traço satírico.

Como pessoa, Nássara tinha o espírito filosófico: procurava surpreender na superfície a profundeza do lago. Sua caricatura vinha dessa fonte. No dia a dia, era um homem de hábitos simples. Um tipo distraído: vivia nas nuvens, mas amava mesmo o chão. Gostava de frequentar as ruas, de fazer feira e de andar de ônibus — de perambular pelo centro da cidade com seu *blazer* impecável. Era um sábio e um popular.

Nossa amizade nasceu pronta. De nosso primeiro encontro, em setembro de 1980, em seu depoimento para a biografia de Noel Rosa, saímos amigos: já estava combinado um "até breve". Foi de um bate-papo com ele, à noite, caminhando em torno de uma Biblioteca Nacional iluminada, depois de assistirmos a um espetáculo na Funarte, que começou a nascer, em 1987, a biografia de Orestes Barbosa. Sua força era dessa natureza. Sua amizade — um presente de Noel Rosa — era uma bênção e um privilégio.

Antonio Nássara, de quem a caricatura e a composição eram frutos da mesma árvore, não dava a mínima para a glória. Era um displicente para as honrarias. O que inspirou Millôr, seu amigo desde fins da década de 1930, nesta tirada definitiva: "Nássara sabe porém que a Glória não passa de um outeiro."

Nássara foi grande em tempos maiúsculos. Sem nunca se importar muito com isso. O que o tornava ainda maior.

Carlos Didier

Nássara passado a limpo

1

Na quinta-feira, 10 de janeiro de 1985, o espetáculo *Alá-la-ô*, da série *Carnavalesca*, dava início às homenagens da Funarte a Antonio Nássara. Artista do traço, do som e da palavra, o tributo prosseguiria com um livro e uma mostra. Para a Fundação Nacional de Arte, aquele seria uma espécie de "ano Nássara".

Quantas gerações de admiradores o caricaturista-compositor reunia então em torno de si? *Alá-la-ô*, escrito e dirigido por Ricardo Cravo Albin, congregava pelo menos três: a do cantor Carlos Galhardo, a da cantora Marília Barbosa e a dos componentes do grupo Nó em Pingo D'Água. Como era dia de estreia, Nássara subiu ao palco da Sala Funarte, no edifício do Museu Nacional de Belas-Artes, dentro de um elegante paletó cinza, com um guarda-chuva na mão. Para retribuir, com uma história, o abraço de todas as gerações que enchiam cena e plateia:

> Em certa ocasião, um chinês foi homenageado.
> Em agradecimento, curvou-se para a direita.

À maneira oriental, com os dedos se tocando, Nássara imitou o movimento.

> E curvou-se para a esquerda.

Mais uma vez, o cumprimento.

Ao final, o chinês indagou à esposa:

— Como me saí?

— Demorou demais para o lado esquerdo.

(José Antônio Nonato, depoimento a Carlos Didier, 18/10/2008)

Sem dizer mais nada, Nássara desceu.

DOIS FOLIÕES, 1972

2

No Museu Nacional de Belas-Artes, na esquina de avenida Rio Branco com rua Araújo Porto Alegre, Antonio Nássara sentia-se em casa. Ao menos, na escola. Ali, em 1928, entrara para o curso de Arquitetura, atrás de um destino para sua vocação de desenhista.

Quando estava no fim do segundo ano, entre novembro e dezembro de 1929, *O Globo* publicou três caricaturas suas. No momento em que o país começava a pegar fogo, às vésperas da revolução, elas flagravam três figuras fundamentais da política brasileira: o gaúcho João Neves da Fontoura, deputado federal e vice-governador do Rio Grande do Sul, que já defendia a rebelião armada caso Getúlio Vargas perdesse a eleição; o paraibano Epitácio Pessoa, em cuja presidência teve início a insurreição tenentista, que apoiava "mineiramente" a chapa de oposição, pois João Pessoa, o candidato a vice, era seu sobrinho; e o mineiro Fernando de Mello Vianna, vice-presidente da República, que promovia a candidatura do paulista Júlio Prestes e que viveria, em breve, alguns anos no exílio. O lápis de Nássara registrava o espírito aguerrido de João Neves da Fontoura; a pose, o "topete", de Epitácio Pessoa; e o misto de refinamento e altivez de Fernando de Mello Vianna — o seu lado Washington Luís. Ao menos nas caricaturas de João e Fernando, confirma-se o depoimento de Nássara de que preferia trabalhar, no início da carreira, em cima de fotografias. A de Epitácio parece basear-se em outros traços.

A inclinação de Antonio para o desenho começava a encontrar seu lugar.

3

Sua estreia na imprensa acontecera dois anos antes. Quando uma informação falsa sobre a queda do hidroavião *Jaú*, divulgada por um boletim à porta de *A Pátria*, na rua Chile, defronte à Galeria Cruzeiro, provocara a ira popular.

Era o tempo das travessias aéreas do Atlântico. A façanha de Gago Coutinho e Sacadura Cabral, em 1922, com seu voo pioneiro entre Lisboa e Rio de Janeiro, inspirara João Ribeiro de Barros, João Negrão, Newton Braga e Vasco Cinquini, a tripulação do *Jaú*. Naquele 28 de abril de 1927, os brasileiros, que começaram sua viagem em Gênova, Itália, tinham partido de Cabo Verde rumo a Fernando de Noronha, o trecho mais perigoso da empreitada. Uma distância equivalente à de Natal a São Paulo, mais de 2 mil quilômetros, em mar aberto. A expectativa era enorme quando *A Pátria* soltou a notícia enganosa.

Houve discursos na avenida e insultos foram distribuídos com generosidade. A ameaça de empastelamento do órgão de imprensa trouxe a Polícia Militar e seus cavalos. O povo apedrejou o jornal, a polícia espaldeirou o povo. Gritaria, vaias e mais pedras, no quebra-quebra que só terminou ao entardecer.

No dia seguinte, quando *O Globo* criticou autoridades e baderneiros, a massa atacou sua redação na rua Bittencourt da Silva. A tropa, sob o comando do tenente Guimarães, voltou a surrar a massa. E, para completar o serviço, invadiu a sede do jornal a cavalo.

Coube a Antonio Nássara, que circulava por ali, provavelmente com um estilingue no bolso, desenhar o tenente Guimarães com o rebenque na mão: de perfil, nariz grande e aquilino, olhos miúdos e tristes, orelha de diabo, queixo quadrado e barba forte. Por ser amigo de Nicolau Bahut, irmão de Eduardo, de mesmo sobrenome, repórter da casa, seu "boneco" foi estampado na primeira página da terceira edição de *O Globo* de 29 de abril. E Nássara, de agitador passou a testemunha; de artista inédito, a publicado.

Aqueles traços ligeiros, descuidados até, quase um "retrato falado", já revelam um olhar agudo. Fixam a rigidez militar. Junto com o corpo, carregam uma parcela — pequena, mas essencial — da alma do tenente.

Naquele esboço de estreia, o embrião da principal característica da arte de Antonio Nássara: o amálgama de corpo e alma.

4

Ainda em 1929, ano das três caricaturas publicadas por *O Globo*, teve início a carreira musical de Nássara. No Conjunto da ENBA, sigla da Escola Nacional de Belas-Artes. Um grupo que, apesar do título, era metade da escola, metade da praça da Bandeira.

Na metade da escola formavam Antonio Nássara, Manuelito Xavier, Jacy Rosas, Barata e Jaime Ruy Martinez. Manuelito entrava com o piano; Jacy, com o violão e o cavaquinho; Jaime, em breve mais conhecido pela alcunha de Jota Ruy, com as letras, o reco-reco e o chocalho; Nássara, com as composições, a voz e a percussão; e Barata ajudava como podia. Na metade da praça da Bandeira, apenas Luiz Barbosa.

Luiz e Antonio eram companheiros de roda de samba na praça. Ainda que fossem ambos de Vila Isabel, nasceu ali a amizade. Na hora certa, Nássara não titubeou em apresentá-lo ao grupo. Quem conhece a força de Luiz Barbosa, na voz e no chapéu de palha, sabe que ele respondia por pelo menos metade da energia musical do conjunto.

O Conjunto da ENBA foi o primeiro intérprete das composições de Nássara. *Saldo a favor*, uma das mais antigas, pertenceu ao seu repertório, numa época em que a dupla vocação do caricaturista e compositor cabia inteira no edifício das Belas-Artes. E se a primeira encontraria no tira-linhas o instrumento ideal, a segunda teria sempre nas cordas vocais e no tamborilar suas únicas ferramentas.

LUIZ BARBOSA, 1979

5

Antonio era um carioca de origem sírio-libanesa. Gabriel Jorge Nássara, seu pai, que nascera na Síria — assim como sua mãe, Uahyba Dahio —, tinha ascendentes no Líbano e chegara solteiro ao Brasil, ainda no século XIX. Viajara como mascate pelo interior de Minas Gerais, antes de se fixar com um armarinho modesto em São Cristóvão, Zona Norte do Rio de Janeiro. Na rua Esperança, número 2. Na esquina da Abílio, onde Madame Finot, florista francesa da rua do Ouvidor, cultivara rosas e cravos. E onde morava o poeta Alberto de Oliveira:

> A casa que foi minha, hoje é casa de Deus.
> Traz no topo uma cruz,
> Ali vivi com os meus.
>
> (*A casa da rua Abílio*, de Alberto de Oliveira)

Na frente, a loja; nos fundos, a moradia. Onde Antonio nasceu, em 12 de novembro de 1909. Onde passou a conviver com o cotidiano do negócio de varejo: entregas de mercadoria, contas a pagar e a receber.

Saldo a favor, um samba em tom menor, trata o amor com um curioso enfoque. Como se fosse um artigo à procura de sua clientela. Na primeira parte, um coração jovem que produz ternura em excesso.

Eu tenho tanto amor no coração
Que chega a me causar inquietação,
Preciso dar um pouco
Senão eu fico louco,
Eu quero encontrar a solução
Para aliviar meu coração.

Na segunda parte, onde explora a duplicidade de sentido entre caminhão-quantidade e caminhão-veículo, o que dá à composição um ar de humor *nonsense*, Nássara parece desenhar um cartum. Uma história em quadrinhos. Ao volante (não de um auto de passeio; de um transporte de carga, como os que batiam à porta do armarinho de seu pai), o autor-personagem visita, a cada quadrinho da história, uma de suas seis namoradas.

Se eu der bastante amor pra Margarida
Ainda vai sobrar um caminhão
Que eu posso usar na hora da partida
De encher também de amor a Conceição.
Não vai faltar amor pra Rosalina
Pra Judite, a Etelvina, a Rosinha, linda flor,
Distribuindo amor por tanta gente
Eu já sei que, felizmente,
Fica um saldo a meu favor.

No final das contas, computados débitos e créditos, restava um *Saldo a favor*. Um raciocínio contabilístico que lembra Gabriel Jorge e o dia a dia de sua loja. Um samba que poderia ganhar um subtítulo à Orestes Barbosa: "O mascate do amor."

C E R T I D Ã O   D E   N A S C I M E N T O

INTEIRO TEOR

O Oficial da 9 Circunscrição-Registro Civil das Pessoas Naturais do Rio de Janeiro, RJ, ALAOR MELLO, na forma da Lei etc.

CERTIFICA, a requerimento de pessoa interessada que, revendo nesta Serventia, os livros de Registros de Nascimentos, neles no de número A-**66**, às folhas **154**, sob nº de ordem **1014**, consta no assento o seguinte: Aos quinze de novembro de mil novecentos e nove, foi declarante o pai, declarando que, no dia doze de novembro de mil novecentos e nove (12/11/1909), às cinco horas, na Rua Esperança, nº 02, nasceu uma criança do sexo masculino, que recebeu o nome de **ANTONIO** filho de **Gabriel Jorge Nasra, casado, negociante, de 39 anos, natural de Sirins, residente á Rua Esperança, nº 02** e de **Guaiba Dayá, casada, de 25 anos, natural de Sirins** São avós paternos: Jorge Nasra e Marianna Dibe. São avós maternos: Antonio Dayá e Marianna Anute. Nada mais declarou e, depois de lido e achado conforme, assinaram as testemunhas: Paulo Bezerra de Freitas, forô, residente à Rua São Januario, nº 132 e Luiz Marques Gouvêa, forô, residente á Rua Senador Alencar, nº 27, Era o que se continha em dito termo de nascimento, aqui bem e fielmente transcrito do próprio original, ao qual me reporto e dou fé.

Rodrigo C. Barbosa da Silva
Escrevente Substituto
Matr.: 94/8533

Eu, ______________________, RODRIGO COSTA BARBOSA DA SILVA, Escrevente Substituto, a extraí.

O referido é verdade e dou fé.

Rio de Janeiro, 04 de dezembro de 2008.

6

Em 15 de novembro de 1909, seu pai comparecera ao cartório para registrá-lo. Levara, como testemunhas, dois amigos do bairro: Paulo Bezerra de Freitas, da rua São Januário, 132, e Luiz Marques Gouvêa, da Senador Alencar, 27.

Filho de Gabriel Jorge Nássara e de Uahyba Dahio — ele com 39, ela com 25 anos —, neto de Jorge Nássara e Marianna Dibe, de Antonio Dahio e Marianna Hanout, o menino recebera o nome do avô materno. Uma vez que seu avô paterno já emprestara o nome a seu irmão.

Antonio, sem acento. Mais importante, sem o Gabriel com o qual Nássara se rebatizaria um dia. Certamente em homenagem ao pai, na melhor tradição familiar. Neto de Jorge, filho de Gabriel Jorge, Antonio Gabriel nasceu Antonio Nássara.

A certidão de nascimento de Antonio Nássara é uma crônica carioca. Por ela, sabe-se que Gabriel Jorge falava um português de difícil compreensão, com sotaque forte. Pelo menos, fazia questão de manter a pronúncia original das palavras árabes. Percebe-se, também, que o escrevente não entendia bem o que ouvia ou implicava com o acento estrangeiro. Assim, o que Gabriel falava, ele transcrevia em português:

— Nome do pai?
— Gabriel Jorge Nasra.
— Nome da mãe?
— Guaiba Dayá.

Na base do "isso em vez de aquilo", encontra-se: Nasra em vez de Nássara; Guaiba em vez de Uahyba; Dayá em vez de Dahio; Anute em vez de Hanout.

No documento, os pais de Antonio aparecem como naturais de "Sirins". Provavelmente, Síria; na pronúncia intrincada de Gabriel Jorge. Essa é uma informação que Nássara poucas vezes mencionou. Preferia declarar, sem fugir à verdade, que o pai tinha ascendência libanesa. Um fato que veio à tona ao menos em um depoimento:

> O pai, homem simples do interior da Síria.
>
> (*Nássara desenhista*, de Cássio Loredano, p. 13)

Um documento que altera, definitivamente, a data de nascimento constante em todas as enciclopédias. E que contraria testemunho do próprio Nássara: "12 de novembro de 1909", em vez de "11 de novembro de 1910."

Com uma certidão de nascimento que é uma crônica bem-humorada, começava a vida de Antonio. Pondo uma pulga atrás da orelha de quem não acredita em destino.

7

Embora Antonio Nássara preferisse dar todos os créditos a Vila Isabel, sua memória sonora começou a ser construída em São Cristóvão.

No Carnaval de 1916, a cidade entoou a cançoneta *Caraboo* ou *Amores de uma princesa*, a versão de Alfredo Albuquerque para a música de Sam Marschall. Um ano antes dos carnavalescos elegerem o samba como um dos gêneros ideais para a festa, ecoou essa estranha "lenda do Norte": a história da paixão de um guerreiro por Caraboo, princesa que acaba degolada por uma "tribo selvagem". Quando a cabeça da moça é levada ao namorado, este enlouquece. Uma tragédia que termina com um milagre: longe do corpo, a cabeça ainda murmura. Enquanto o guerreiro insiste no refrão: "Ó minha Caraboo/ Dou-te o meu coração...", que a garotada de São Cristóvão, não sem motivo, transformava em "Ó minha Caraboo. Olho de Belzebu..."

No bairro, Nássara ouviu a polca *Rato, rato, rato*. Música de Casemiro Rocha, pistonista da Banda do Corpo de Bombeiros, letra de Claudino Costa, sobre a perseguição de Oswaldo Cruz aos transmissores da peste bubônica: os ratos e suas pulgas. Um sucesso desde 1904: "Rato, rato, rato/ Por que motivo tu roeste meu baú?"

Antonio gostava do cordão de pastorinhas de São Cristóvão, uma herança natalina que, no Rio de Janeiro, estendeu-se ao Carnaval. Mesmo sem se conhecerem, ele e Silvio Caldas, este um ano e meio mais velho, cresceram próximos um do outro. As ruas que o cantor apontava como as de sua infância — Amazonas, Major Fonseca e Emancipação — ficam em torno da esquina de Esperança com Abílio. Todas abertas nos terrenos de duas chácaras, a do conselheiro Martins Viana e a do marechal José Maria Pinto Peixoto. Cresceram perto e ouviram as mesmas músicas de um bairro chorão e seresteiro. Quem sabe encantaram-se, lado a lado, com o bumba meu boi organizado anualmente pelo vizinho Mello Moraes Filho, poeta, folclorista, autor do livro *Festas e tradições populares do Brasil*?

No mundo das artes cariocas, São Cristóvão tem o seu lugar. Sem contar que, na rua do Pedregulho, a 500 metros, uns cinco minutos a pé da casa de Nássara, vendera balas um dia o menino Machado de Assis.

MACHADO DE ASSIS, 1979

8

Em 1921 ou 1922, Vila Isabel. Quando a família Nássara — Gabriel Jorge, Uahyba e seus sete filhos, Mariana, Catarina, Jorge, Estela, Aglayde, Antonio e Arteobela — mudou-se para a Teodoro da Silva, a rua de Noel Rosa.

Uma casa avarandada, espaçosa, no número 107, perto da rua Barão de São Francisco. Onde, num alpendre, nos fundos, Elias, primo de dona Uahyba, cantava ao alaúde músicas tristes da pátria distante. Melodias com a mesma origem do áraque, a bebida alcoólica à base de anis que animava as festas. Aqueles sons de alaúde, que sua mãe também dedilhava, e de palavras em árabe compunham a memória musical profunda de Antonio Nássara.

Chegaram a Vila Isabel quando a cidade já havia eleito seus gêneros favoritos para o Carnaval. A cada ano, mais e mais sambas e marchinhas eram cantados. No bairro, as marchinhas imperavam em suas famosas batalhas de confete, enquanto o samba era o gênero preferido de seus blocos.

O bloco de Antonio Nássara era o Faz Vergonha, onde rapazes de família — Arnaldo Amaral, mais tarde cantor; e Armando Reis, o futuro compositor Cristóvão de Alencar — brincavam ao lado de gente do povo. Sem esquecer Noel Rosa, para citar apenas alguns dos componentes que entraram para a história da música. Nássara saía no "arrasta final", que era a bateria. Fingia que batia tamborim, adorava ritmar. E em matéria de ritmo e processos musicais, seu professor chamava-se Luiz Barbosa, mais um morador da vizinhança.

Outro arrebatamento de Nássara eram os tangos argentinos. Discos da cantora Império Argentina — como *Antonio Vargas Heredia* e *Ay, Mary Cruz!* — tinha muitos, quase tantos quanto os de Carlos Gardel — *Mano a mano, Rechiflao en mi tristeza.*

As serenatas completavam sua cultura musical. Emocionava-se com as modinhas e canções de Cândido das Neves e Uriel Lourival. Apreciava a voz aguda e anasalada do primeiro, em sua opinião mais popular e melhor como compositor:

> Ai! Deixa-me chorar
> Para suavizar
> O que eu não sei dizer
> Mas sei sentir...
>
> (*Lágrimas*, de Cândido das Neves)

Testemunhou, num café do Maracanã, a birra que Uriel nutria em relação a Cândido, a quem classificava como um compositor "fraco":

> Eu, quando trabalho nas minhas letras, eu trabalho com rimas ricas, porque eu tenho o único dicionário de rimas que existe no Brasil. Eu tenho, eu tenho em minha companhia.
>
> (Nássara, depoimento a Carlos Didier, 18/04/1995)

Conhecia a escola seresteira de onde vieram Silvio Caldas e Orlando Silva, que abrandaram a estridência original dos cantores do gênero. Sabia que Francisco Alves tinha outra pegada, era da linhagem do teatro. E achava engraçado que Vicente Celestino, um cantor lírico, interpretasse tantas flores do sereno.

Aproximou-se definitivamente de Noel Rosa por volta de 1928. Quando este, na calçada da rua em que moravam com poucas quadras de distância, tocava ao violão seus primeiros sambas e emboladas. Fizeram serenatas e desfilaram juntos no Faz Vergonha.

Por essa época, Antonio ainda não compunha. Mais tarde, se alguém indagasse como tinha abraçado a composição, a resposta sairia rápida e modesta:

> Em Vila Isabel, à força de frequentar aquelas escolas de samba de adjacências, de Mangueira e do Salgueiro, me parece que foi ali que acendeu em mim esse fósforo meio lusco-fusco de compositor.
>
> (Nássara, depoimento ao MIS-RJ, 12/02/1968)

SAMBA EM VILA ISABEL, 1936

9

O encanto de Nássara com o Centro nasceu em 1927. Quando entrou para o Curso Superior de Preparatórios, na rua do Ouvidor, 50. Onde sua caricatura do diretor, o coronel Sebastião Fontes, fez sucesso no quadro-negro num intervalo das aulas. Uma atração que se instalou para sempre em seu coração boêmio quando entrou na Faculdade de Arquitetura.

Na Escola Nacional de Belas-Artes tornou-se colega de Carlos Cavalcanti, estudante e redator de *Crítica*. O sonho de vencer como arquiteto começou a desmoronar quando surgiu uma vaga de retocador de fotografia no jornal e Cavalcanti indicou Nássara. Este, mesmo sem saber nada do assunto, foi aceito. Do retoque à paginação, foi um pulo.

> Eu fiquei nessa parte gráfica, que foi a minha sorte na vida, não é? Porque, em vez de eu ser [contratado] como caricaturista, aprendi um negócio que era importante, que era negócio de gravura, oficina. Então, fui aos poucos. E isso pra mim foi de boa valia, entende? Porque eu passei a ganhar dinheiro.
>
> (Nássara, depoimento a Carlos Didier, 22/08/1992)

Vila Isabel permaneceu para Nássara o lugar perfeito para se morar. O mundo era o Centro: a Lapa dos cabarés; a praça Tiradentes dos teatros e a Floriano dos cinemas; a avenida Rio Branco dos jornais e dos cafés.

LAPA, 1978

10

Uma das melhores seduções do Centro eram as casas de música, onde os compositores costumavam fazer ponto para divulgar suas criações. Foi numa delas que Nássara conheceu Sinhô. Na Viúva Guerreiro, editora, loja de partituras e de instrumentos da rua Sete de Setembro.

Quando o autor de *Gosto que me enrosco* — sucesso de 1928, editado por outra casa, a Carlos Wehrs — tocava seus sambas-maxixes, juntava gente na porta. Sem entender de partituras, o pianeiro sabia tudo de gafieira. Batucava nas teclas, e quem ouvia sentia uma vontade irreprimível de sair dançando.

Numa escapada de *Crítica*, Nássara fez parte do auditório na calçada. Acompanhando-se ao piano, já tuberculoso, Sinhô cantava com a "voz no esgoto" e com uma "divisão cansada". Expressões do caricaturista. Deste modo: "Gosto/ Que me enrosco/ De ouvir/ Dizer."

Por mais admiração que tivesse a Mario Reis, Nássara jamais abandonou a convicção de que o cantor retirara de Sinhô aquela maneira singular de dividir. Curiosamente, o próprio compositor reivindicou essa influência:

> Eu que dou minhas composições musicadas e versejadas, sempre lutei com a falta de um cantor a quem pudesse difundir o meu estilo próprio, por que não dizer a minha escola.
>
> (*Sinhô, o violão e sua obra*, Weco, janeiro de 1929)

Graças ao bom Deus, que atendia a seus desejos, concluiu Sinhô, encontrara Mario Reis, cujos sucessos traziam "a glória ao discípulo e a alegria ao mestre".

SINHÔ, DÉCADA DE 1990

Quando Sinhô ensinava um samba a Francisco Alves, para este era irresistível alongar as frases, exibir a voz poderosa. Foi assim, por exemplo, com *Ora vejam só*, em 1927. Porque o ídolo de Chico era Vicente Celestino, um tenor a serviço da música popular, que parecia ter a missão de estourar os tímpanos de quem estava na torrinha. Em sua estreia no *Programa Casé*, em que Nássara era locutor, Celestino escutou ao forçar as cordas vocais no estúdio da Rádio Philips:

> — Vicente, não precisa mais gritar tanto. Você já está sendo ouvido até no Pará.
>
> (Nássara, depoimento, 25/02/1996)

Ao ensinar *Gosto que me enrosco* a Mario Reis, Sinhô não esticara nenhuma frase. Não tinha voz. Não há como negar essa evidência.

11

Crítica deu cartaz extra a Antonio Nássara em Vila Isabel. Em casa, por não precisar mais pedir dinheiro para sapatos; na rua, por ser amigo de artistas em início de carreira. E aquele era o bairro de toda uma geração de compositores e cantores que ensaiava os primeiros passos.

Nássara decidiu dar uma colher de chá ao rapaz que morava na calçada em frente da sua, algumas quadras em direção ao Maracanã. Noel Rosa, na sua percepção, era um tipo simpático e sensível. Dentro da tradição familiar: filho de dona Martha, "uma criatura boníssima", professora que mantinha uma escolinha no chalé em que moravam; e de Manuel, "um homem extraordinário", "de vida interior muito grande", que gozava a fama de ser engenheiro, mesmo sem ter o título acadêmico. Nássara percebia o jovem vizinho como tímido. Tímido era ele. Noel era esquivo, fingido até.

O empurrão aconteceu em 15 de agosto, na seção "Theatros", na página 7 de *Crítica*:

> Este que empunha o violão, de onde sabe tirar harmonias maravilhosas, é Noel Rosa. Artista do samba, inspirado cantor da alma de nossa gente, compositor de real valor, Noel Rosa é uma brilhante afirmação de talento e cultura musical. Dentre as suas composições, muitas estão gravadas em discos Parlophon.
>
> As últimas são *Festa no céu*, toada, e *Minha vida* (*sic*), embolada, e têm o número 13.185.
>
> ("Theatros", *Crítica*, 15/08/1930, p. 7)

Era o primeiro artigo sobre Noel Rosa. Antes, seu nome saíra na imprensa apenas nos créditos de músicas. Um artigo preciso, fora o deslize de *Minha viola*, o título certo da embolada. Apesar de estrear com outros gêneros, o jovem era mesmo um "artista do samba". No dia 2, gravara *Eu vou pra Vila*, que a Parlophon só lançaria no janeiro seguinte. Tinha mais um samba, ainda inédito, que há um ano cantava em esquinas e botequins, com um refrão que a turma do bairro começava a memorizar — "Com que roupa eu vou/ Ao samba que você me convidou?" —, e cuja gravação, um mês e quinze dias depois da nota, o colocaria na história da música popular.

No alto, a fotografia: o compositor sentado, violão na mão; em pé, de um lado, seu vizinho de rua; do outro, Fernando Costa, da equipe de reportagens sensacionalistas. Os mais antigos retratos publicados de Noel Rosa e Antonio Nássara.

Um registro que o poeta de Vila Isabel colaria em seu álbum de recortes. Com um gosto especial: em 15 de agosto de 1930, ele ainda não era notícia.

12

A vida, às vezes, é simples.

Quando soube que Antonio Nássara era de Vila Isabel, Orestes Barbosa, poeta e cronista da cidade, influente redator de *Crítica*, encheu-se de simpatias pelo jovem. A amizade foi selada em 10 de junho de 1930, quando a seção "Conselho Municipal", escrita pelo jornalista, teve como ilustração a caricatura do presidente da casa, Henrique Maggioli, com a assinatura "Nas.".

No auge do prestígio, de bem com o poder, funcionário público e colaborador de dois diários — um matutino, *Crítica*; outro vespertino, *A Notícia* —, Orestes Barbosa tinha pela música popular um leve interesse. Interesse financeiro, não possuía nenhum: recusara os 30 mil-réis que lhe cabiam como direito autoral pela gravação da cançoneta *Bungalow*, sua estreia em disco. Era suficiente a satisfação. Satisfação que o fez retornar ao estúdio da Odeon para assistir ao primeiro registro da dupla Francisco Alves & Mario Reis. Desta vez, com Antonio Nássara pela mão.

ORESTES BARBOSA, S/DATA

> — Ele jamais gostou de ir sozinho nos lugares. Ele queria sempre uma bengala do lado...
>
> (Nássara, depoimento a Carlos Didier, 18/04/1995)

Mario, colado ao microfone; Chico, mais atrás e um pouco de lado. Para equilibrar as expressões intimista e poderosa de cada um, postas juntas a serviço do samba *Deixa essa mulher chorar*, de Brancura, malandro do Estácio de Sá. Quem escutar com atenção pode perceber que Francisco Alves, de fato, encontra-se distante de Mario Reis. Uma cena que provocou o comentário sarcástico de Orestes Barbosa:

> — Não sei como esse rapaz não semitona com o Chico apitando como um trem em seu ouvido!
>
> (Nássara, depoimento a Carlos Didier, 25/02/1996, trecho)

Neste início de relacionamento, houve distância e respeito. Pela idade e pela situação. Um, amigo íntimo do dono de *Crítica*, com quem dividia segredos e madrugadas em cabarés da Lapa e arredores; o outro, "ajudante de reserva de suplente de caricaturista" do jornal, como um dia se autodefiniria.

Três anos depois, a personalidade de Antonio seria fixada por Orestes em crônica:

> [...] uma figura singular, a serviço da sua musa, displicente, um desses talentos legítimos, uma alma paisagista que é preciso salientar.
>
> Nássara.
>
> (*Samba*, de Orestes Barbosa, 1933, p. 101, 2ª ed.)

13

A vida, às vezes, se complica.

Antonio Nássara trabalhou com três gigantes do traço. Um brasileiro, um paraguaio e um mexicano: J. Carlos, Guevara e Figueroa. Admirou todos, aproximou-se de apenas um. Enquanto J. Carlos era o pontífice na revista *Para Todos*, Figueroa e Guevara disputavam o papado em *Crítica*. Ambos senhores das linhas e das sombras: Guevara, poderoso e arrogante; Figueroa, frágil e ensimesmado.

Enquanto um olhava de cima, o outro dava confiança ao novato. Nássara ligou-se a Figueroa. Tinha gosto até em lavar seus potes de tinta. Um autêntico relacionamento entre mestre e aprendiz — um aprendiz de feiticeiro.

Com a alma em cacos, Figueroa enchia outros potes que ele mesmo esvaziava sem precisar de ajuda. Em crise, se afastava do jornal por vários dias. Não era incomum que procurasse o dr. Juliano Moreira e pedisse para ser internado. Nássara, sentindo falta do amigo, contava aflito os dias de ausência e acreditava que ele bebia por causa de sua mulher. A paixão cega os olhos mais observadores.

Apesar de culto e delicado (tocava violino), era valente. Por fotografia de 1928, publicada em *Dom Casmurro* (03/07/1943), parece franzino e magro; a tristeza e a testa enrugada também são biográficas. Sob a ação do álcool tornava-se frequentemente violento. Enfrentava quem quer que fosse, inclusive a polícia. De um desses confrontos, saiu ferido; o ferimento infeccionou e ele morreu em um hospital da Tijuca.

Antes dele, da equipe de *Crítica*, tinham morrido, em dezembro, Roberto Rodrigues, outro intérprete da alma ao bico da pena, baleado nas dependências do jornal, e Mário Rodrigues, o dono, em março, de desgosto pelo desaparecimento do filho.

A morte de Figueroa aconteceu dez dias antes dos revolucionários destruírem as instalações de *Crítica*. No ano anterior — precisamente, em 23 de março de 1929 —, o matutino tomara a decisão de apoiar o governo federal. Em 1930, foi empastelado.

OTIMISTA E PESSIMISTA, S/DATA

Em 24 de outubro, na rua os gritos rebeldes escondiam rancores pessoais. Quando Nássara cruzava distraidamente a Galeria Cruzeiro, escutou um desafeto de bairro orientar a massa: "Pega! Pega! Aquele cara trabalhou na *Crítica*!"

> — E eu tive de entrar por aquelas vielas. Mas depois peguei ele lá em Vila Isabel. E derrubei. Naquele tempo, eu era garoto safado, mesmo. E dei um cortiço nele. Fui à forra bem, peguei ele numa forra boa.
>
> (Nássara, depoimento a Carlos Didier, 02/11/1995)

14

Tempos bicudos, de correr de desafetos e atrás de sobrevivência. Para alguns até de maldizer os deuses. Embora dos deuses Nássara não pudesse reclamar.

Sem demora, Eurycles de Mattos — o homem-forte de *O Globo* — o trouxe para a casa. Para trabalhar com Francisconi, chefe do arquivo, como retocador de fotografias.

Poeta e jornalista, baixo e troncudo, cabeça enterrada nos ombros, o baiano Eurycles tinha por ele uma simpatia especial, filial mesmo. Desde 1927, quando *O Globo* fora invadido pela tropa do tenente Guimarães e Nássara desenhara um boneco do comandante da operação militar. Sem que ninguém perguntasse o que fazia no local naquela hora.

Assim, em 1931, abrigava-se no jornal que fora vítima do quebra quebra. Sob a proteção do deus da zombaria, na antiguidade conhecido por Momo.

Um bico no vespertino *O Globo*, outro no matutino *Diário Carioca*. Em ambos, como era seu costume, adiantava o serviço para fugir aos horários da redação. O diário, fundado em 1928 por José Eduardo Macedo Soares, ficava na praça Tiradentes. Todo sábado, dia de vale, a cena se repetia. Os jornalistas permaneciam à espera de Liberal, o gerente financeiro que chegava com cara de mártir.

> — Todo mundo aí, mas... Eu estou sem dinheiro!
>
> (Nássara, depoimento a Carlos Didier, 18/04/1995)

E antes que o desânimo tomasse conta do grupo, complementava:

> — Eu sei como vou fazer. Todos sabemos. Nem precisam falar...
>
> (Mesmo depoimento)

Todos sabiam. Porque aquela cena era uma tradição do *Diário Carioca*. De linhagem importante, com uma irmã casada com um embaixador, Liberal retirava teatralmente o relógio do bolso. Erguia-o e apontava para ele:

> — Meus senhores, isso é uma herança... É uma herança do meu pai...
>
> (Mesmo depoimento)

Na plateia, um engraçadinho dialogava com o financeiro:

> — Eu sei doutor, é o Patek Philippe... Pode deixar por minha conta que em dez minutos eu resolvo isso...
>
> (Mesmo depoimento)

O gerente fingia que chorava, entregava a herança e, numa casa de penhor da rua Luiz de Camões, tudo se resolvia. A cena se encerrava com a cautela no bolso do gerente e o dinheiro no dos colaboradores. Enquanto o Patek Philippe da família Liberal dormia no "prego".

Uma cena que se repetiria até fevereiro de 1932. Quando os tenentes revolucionários julgaram o *Diário Carioca* apegado em excesso aos ideais de redemocratização. E o empastelaram.

Como se disse, tempos bicudos.

O OTIMISTA E O PESSIMISTA, S/DATA

15

Antonio Nássara brincou o Carnaval de 1930 no High-Life, o clube da rua Santo Amaro, na Glória. Onde viu Ary Barroso deliciar-se com sua marchinha *Dá nela* na voz da multidão. Um êxito que marcou Nássara, um compositor até então diletante.

Quando *Com que roupa?*, do vizinho Noel Rosa, estourou no Carnaval seguinte, o Carnaval da revolução, a música popular surgiu como uma oportunidade profissional. Era preciso se defender nestes tempos espinhosos. Por que não com música?

Em 16 de outubro de 1931, Nássara fez sua estreia em disco. Quando *Para o samba entrar no céu* foi gravado por Almirante — seu parceiro, ao lado de Jota Ruy, um dos integrantes do Conjunto da ENBA —, com acompanhamento do Bando de Tangarás. Um samba que conta a história de um morto que apresenta um requerimento ao criador. O objetivo da petição está no título. O requerente argumenta que Nosso Senhor do Bonfim é do "samba rasgado"; que Nossa Senhora da Penha adora uma batucada; afinal, "o samba é quase uma oração".

Noel Rosa, que está no segundo violão e no coro, se dizia do "samba rasgado". No ano seguinte, iria compor, com o pianista Vadico, um certo "samba em feitio de oração". Quando for indagado sobre sua ligação com o Bando de Tangarás, Antonio Nássara dirá com espírito:

> — A minha calçada era outra.
>
> (Nássara, depoimento a L. C. Saroldi e N. Hamilton, Rádio JB, 14/10/1980)

A calçada podia ser outra, mas era próxima. No refrão de *Para o samba entrar no céu*, as "11 mil virgens" choram por não poder cantar "Nós semo é memo do amô", citação (e propaganda) de *Batucada*, de Eduardo Souto e Braguinha, outra gravação do bando.

Desde sempre, utilizar trechos de obras alheias seria um recurso do compositor profissional Antonio Nássara. E a caricatura de Almirante, feita um ano antes, em 1930, imenso perto dos outros do bando, fisionomia severa, olhos mais de águia que de tangará, um perfeito exemplo do amálgama de corpo e alma, mostrava que o caricaturista, aos 20 ou 21 anos, estava pronto.

16

Como Nássara disse, com a humildade típica dos grandes, a paginação e a diagramação foram "sua sorte na vida". Sobrevivia por meio da técnica que aprendera em *Crítica*, com Guevara e Figueroa.

Em *Mundo Sportivo*, jornal dedicado ao futebol em especial, uma iniciativa de Mário Rodrigues Filho, o Lula, era Nássara quem paginava as edições. Tudo passava por suas mãos. Acompanhava de perto, inclusive, os passos de Nelson, outro filho do dr. Mário Rodrigues. Como o irmão, um apaixonado pelo jogo.

Nelson Rodrigues, próximo do gênio na opinião de Nássara, às vezes escrevia quase na íntegra o *Mundo Sportivo*. Enquanto Lula, também dono de estilo precioso, precisava correr atrás de dinheiro, papel e tinta, tudo que punha nas bancas o jornal dos seus sonhos. Quando o diretor tinha tempo para redigir, Nássara podia admirar sua letra redonda, sempre a lápis, um Eberhard Faber, número 6. Já Nelson usava uma pena Malart, a lâmina metálica que substituiu as antigas penas de pato.

No dia a dia, Lula costumava brincar com o mano. Porque Nelson, um jovem de dezenove anos, possuía aquela ingenuidade característica dos que vivem dois andares acima.

> — Ó, Nelson, tem um negócio aí pra você. Pergunta ao Nássara quantas laudas.
>
> — Trinta laudas!
>
> (Nássara, depoimento a Carlos Didier, 22/08/1992)

A voz de Nelson Rodrigues era apenas um murmúrio de dor: "Oh! Oh!". Após a gargalhada, Nássara corrigia a informação. E como máquina de escrever fosse um luxo, um recurso impensável nas modestas instalações do *Mundo Sportivo*, complementava:

— Faz aí quatro laudas... Mas não escreve com aquela letra separada.

(Mesmo depoimento)

Em outra ocasião, Lula encomendou uma matéria com Hermógenes, *half* direito do América, campeão carioca de futebol de 1931. Era um conhecido boca de siri. Suas declarações à imprensa costumavam caber num cartão de visitas.

— Ó Nelson, você vai fazer um negócio com o Hermógenes.

(Nássara, depoimento a Carlos Didier, 02/01/1995)

E voltando-se para Nássara:

— Quantas laudas?
— Seis!
— Mas ele não falou nada sobre o jogo...
— Vire-se, invente.

(Mesmo depoimento)

No *Mundo Sportivo* era assim.

17

Virando-se, reinventando-se, Antonio Nássara tornou-se cantor com o pseudônimo de Luiz Antonio. Meio pseudônimo, já que metade era, de fato, seu nome.

Seguindo o método de seu próprio rebatismo — Antonio Gabriel, filho de Gabriel Jorge, neto de Jorge — podemos concluir que associou um nome ao seu, formando um duplo, como um tributo. Neste caso, não há dúvida: a homenagem era a Luiz Barbosa. Uma maneira de ter o amigo mais perto de si.

Sua profissão de cantor começou na Parlophon com duas paródias, a trilha sonora desta época de dificuldades: *Mal de fome* e *O sem trabalho*. As duas com acompanhamento de Henrique Vogeler, o autor do dolente samba *Ai, Ioiô*, ao piano.

A primeira, *Mal de fome*, era uma parceria sua com Cristóvão de Alencar, outro vizinho de Vila Isabel. Paródia de *Mon ideal*, sucesso de Maurice Chevalier, *fox-trot* de Richard Whiting e Newell Chase, com letra de Léo Robin. Versão curiosa pela mistura de português e francês. No primeiro verso, por exemplo, o "jamais" se pronuncia "jamé":

> Matarei "jamais"
> A fome que é
> Que é todo o meu mal.

Mescla de idiomas, nem sempre fácil de decifrar:

"Et tant bric-a-brac"
Faz um "ginastique"
"Très" desigual
Vejo junto a "mois"
"C'est un petit pois"
E não me canso de olhar.

Tanto *Mal de fome* quanto *O sem trabalho* contam os tempos bicudos para os perdedores de 1930. Se a primeira possui uma autoria irrefutável, a da segunda vale uma crônica.

18

O sem trabalho é uma paródia de *Suçuarana*, canção de Heckel Tavares e Luiz Peixoto, que chegou ao sucesso em 1928 na voz de Gastão Formenti. A versão satírica foi feita após outubro de 1930, pois menciona o ministro do Trabalho. E, no selo do disco, a autoria encontra-se atribuída a Eratóstenes Frazão.

A história de *O sem trabalho* teve início antes da revolução. Quando Antonio Nássara, ao conquistar para Noel Rosa uma nota na seção "Theatros", em *Crítica*, o apresentou a Frazão, redator do jornal. O relacionamento entre os dois começou ali.

Eratóstenes era de altura mediana e possuía pele morena, cor de índio. Estudou medicina e veterinária, antes de abraçar a profissão de jornalista. Inteligente, gozava da fama de escrever bem. Filho de Sebastião Alves Frazão, maestro da Capela Imperial, vinha de família longeva: tinha dez anos a mais do que constava em sua documentação. Pelo aspecto jovem e pela cor da pele receberia de David Nasser o apelido de "índio embalsamado". Até 1931, ano de *O sem trabalho*, nada fizera no campo da música.

Quando Adolfo Bergamini, interventor revolucionário, concordou que o preço do cafezinho fosse 200 réis, em vez dos 100 réis normais, no caso de a casa apresentar música ao vivo, surgiu a ideia da revista *Café com Música*. Foi neste momento que a amizade entre Noel e Frazão ganhou impulso.

Café com Música foi escrita para a Companhia do Teatro Recreio por três iniciantes: Eratóstenes, Maciel Pereira e Leo Grim. Com música de dois autores experientes —

Sá Pereira e Julio Cristóbal — e de um novato, Noel Rosa. A menos de uma semana da estreia, um quarto elemento reforçou o time: Ary Barroso.

Em um recorte de jornal de seu acervo, o próprio Noel Rosa, com um lápis azul de ponta grossa, assinalou com uma seta 5 dos 36 quadros da revista. Provavelmente, aqueles com música sua. Nem sempre se consegue deduzir o nome da obra pelo título do quadro: o 7º, *Dona Aracy*, com a marchinha homônima; o 11º, *Estou ficando gago*, com o samba *Gago apaixonado*; o 16º, *Espelho do passado*, talvez com *Vaidosa* (melodia e letra perdidas); o 32º, *P'ru causa d'uma caboca*. E o 18º, mais uma vez assinalado pelo lápis de Noel Rosa, era *O sem trabalho*.

No ano seguinte, em fevereiro, Noel Rosa viajaria com Francisco Alves e Mario Reis pelo Sul do país. Quando os Ases do Samba se apresentaram no Teatro Central, talvez em Caxias do Sul (o folheto não declara a cidade), cinco dos doze números foram da dupla. Chico solou duas; Mario, uma. A Nonô coube um choro ao piano; a Pery Cunha, um solo de bandolim. As duas músicas selecionadas por Noel Rosa foram *Gago apaixonado* e *Paródia de Suçuarana*.

Selecionadas parece ser uma boa palavra. Porque Noel Rosa, a essa altura, seria autor de mais de quatro dezenas de composições gravadas. Poderia ter escolhido *Com que roupa?*, *Malandro medroso*, *Nunca jamais*, *Cordiais saudações*, *Mulata fuzarqueira*, *Eu vou pra Vila*, *Samba da boa vontade*, *Mão no remo*, *Gosto, mas não é muito* e *Bom elemento*. Só para citar algumas. Talvez já tivesse composto *Quem dá mais?*, um samba que ficaria perfeito com o acompanhamento do piano de Nonô. Mas, não. Noel preferiu cantar a *Paródia de Suçuarana*.

Quando Armênio Mesquita Veiga, futuro compositor, autor da letra de *Molambo*, advogado, professor, ministro da Ordem de São Francisco da Penitência, diretor do hospital, tornou-se aluno de violão de Noel Rosa, aprendeu com ele, como sendo de sua autoria, a paródia. *O sem trabalho*, gravado por Nássara como de autoria de Frazão, inclui na íntegra, com pequenos desvios, a paródia interpretada por Armênio. Ao final, Luiz Antonio acrescenta duas quadras que escaparam à memória do ex-aluno de Noel.

Tô com vontade
De deixar esta cidade,
Onde há tanta maldade,
Onde há tanto mordedor.

Mas ando teso
E tamanho é o meu peso
Que sou capaz de ser preso,
Nomeado interventor.

Atribuindo números aos fatos: qual a probabilidade de Noel Rosa ter assinalado a lápis azul, em seu próprio álbum de recortes, o quadro *O sem trabalho* e não ser sua a paródia de *Suçuarana*? Digamos, 50% (pois o quadro poderia conter uma outra música sua e merecer o sinal). Qual a probabilidade de Noel Rosa, na viagem ao Sul, com Chico e Mario, ter duas músicas para cantar e escolher uma que não era de sua autoria? Muito baixa; digamos, 5%. Por fim, que número reflete a possibilidade de Armênio Mesquita Veiga, amigo e aluno de violão de Noel Rosa, frequentador assíduo do chalé em que este morava, ter-se enganado? Um número bem reduzido; digamos, 10%. Uma vez que os eventos são independentes, a probabilidade de Noel Rosa não ser autor é, no máximo, o resultado da multiplicação das três: 50% x 5% x 10%. Ou seja, no teto, 0,25%. São apenas estimativas, aproximações. Mas ajudam a elucidar o caso. Ilustram quanto é provável que Noel Rosa seja autor de *O sem trabalho*.

Sem mencionar o estilo. Quantos teriam capacidade de versejar daquele modo? Aquelas três rimas seguidas em cada estrofe, postas com tanta propriedade e espírito valem quase por uma impressão digital:

Isso é despacho
Nunca estive tão por baixo
Que se eu não me agacho
Vou morrer de inanição.

Eu me escangalho
De pular de galho em galho
Seu ministro do Trabalho
Não me dá colocação.

Meu esqueleto
Tá pior do que um graveto
Eu já tô virando espeto
Meus olhos estão lá no fundo.

Num bruto treino
De tomar café pequeno
Quero ver se me enveneno
Pra ir comer lá no outro mundo.

A carreira de Eratóstenes Frazão começará, de fato, três anos depois, em 1934, ao lado de Antonio Nássara, com *Coração ingrato* (a rigor, só vai embalar a partir de 1936, 1937). Antes disso, apenas *Julieta*. Em parceria com Noel Rosa.

> — *Coração ingrato*, do meu amigo Frazão. Aliás, foi a primeira música que o Frazão fez. É outro bom compositor. Foi o meu parceiro.
>
> (Nássara, depoimento ao MIS-RJ, 12/02/1968)

Na voz de Antonio Nássara, o Luiz Antonio, intérprete de *O sem trabalho*: "*Coração ingrato* foi a primeira música que o Frazão fez."

Eratóstenes Frazão será autor de belas composições. Mas nunca produzirá nada, sozinho ou não, que tenha o humor sarcástico de *O sem trabalho*, nem o lirismo áspero de *Julieta*. Em 1931, descobriu que era fácil ser compositor ao lado de Noel Rosa. Não foi o único.

19

Antonio Nássara foi sempre um criador autêntico. Onde houver seu nome, há concepção sua. Um criador, inclusive, no rádio. Onde se tornou conhecido como Luiz Antonio.

> — Pra te ser sincero, o rádio apareceu na minha vida numa época em que eu topava qualquer negócio. Se o sujeito me convidasse: "Você quer trabalhar como intérprete?" Eu, só falando português e sendo obrigado a falar quinze línguas, topava. Pra ganhar dinheiro.
>
> (Nássara, depoimento a L. C. Saroldi e N. Hamilton, Rádio JB, 14/10/1980)

LOCUTOR DO *CASÉ*, 1995

O rádio apareceu na vida de Antonio Nássara quando Silvio Salema Garção Ribeiro, um amigo, o chamou para atuar como locutor, num programa novo na Rádio Philips. Para o dono de uma personalidade tímida, um desafio. Pois o *speaker*, termo na época ainda em inglês, comandava a irradiação, era o centro das atenções. Sem experiência ou inclinação, Nássara se escondeu atrás de um pseudônimo e topou. Para defender algum.

Ademar Casé era um pernambucano que viera para o Rio de Janeiro com a firme determinação de vencer na vida. Corretor de anúncios para as revistas *Dom Quixote*, *Careta*, *Revista da Semana*, *Fon-Fon* e *O Malho*, havia se destacado como vendedor de aparelhos de rádio da marca Philips. O *Programa Casé* foi o seu salto à frente e para cima. Com suas próprias economias, alugou uma faixa no horário de domingo à noite, partiu para conquistar os anunciantes e entregou a parte artística a Silvio Salema. Parente de Graziela, esposa de Ademar, Silvio era cantor de modinhas, valsas e toadas, pesquisador e musicólogo. No futuro, seria autor de uma controvertida tese sobre a origem ameríndia do samba.

Para Ademar Casé e Silvio Salema, o mais bem-sucedido dos *speakers*, o modelo a ser seguido, era Waldo de Abreu, líder do *Esplêndido Programa*, da Mayrink Veiga. Luiz Antonio, o nosso Nássara, foi aprender com quem sabia. No estúdio da rádio, escondido num canto, viu aquilo que nunca conseguiria fazer — Waldo improvisava os anúncios. Foi sincero: "Assim não pode ser." O pernambucano concordou e entregou uma relação dos patrocinadores, para que ele escrevesse as chamadas publicitárias. Com timidez ou não enfrentou o bicho. Com uns mililitros de ajuda.

> — A verdade é que eu enchia a cara e não podia fazer nada sem beber muito. Porque nunca tive muito jeito pra fazer as coisas. Eu tinha que beber, compreende? Eu era moço e tal... E bebia pra caralho!
>
> (Nássara, depoimento a Carlos Didier, 14/12/1994)

Na estreia, em 14 de fevereiro de 1932, o que mais impressionou Nássara foi a sirene do Corpo de Bombeiros. Um aviso de que ia começar o *Programa Casé*. No primeiro dia, posta perto do microfone, de tão alta estourou o equipamento.

Com três ou quatro meses, quando Ademar Casé, ao fazer as contas, ia dar por finda a jornada, caíram do céu dois patrocínios. Um de uma loja de eletrodomésticos da avenida Rio Branco, a F. R. Moreira; outro dos Laboratórios Queiroz, de São Paulo. Aos dois, a cultura brasileira deve a continuidade do *Programa Casé*. Para o apoio do segundo, o fabricante de Manon Purgativo, foi decisivo o humor de Nássara:

> Um casal de noivos brigou. Ele, arrependido, resolveu fazer as pazes, mas a moça estava irredutível. Conversou com a futura sogra, que lhe aconselhou que presenteasse a filha com algo de valor. Comprou-lhe, então, uma joia caríssima. E não fez efeito. Deu-lhe um casaco de peles. Mas não fez efeito. Então, lembrou de dar a ela um vidro de Manon Purgativo. Ahhh! Fez efeito!!! Manon Purgativo, à venda em todas as farmácias e drogarias.
>
> (Nássara, *Programa Casé: O rádio começou aqui*, de Rafael Casé, p. 47, trecho)

Um anúncio de humor irreverente. Uma sátira aos costumes. A crônica da noiva enfezada merece estar entre as obras de Nássara.

20

Quando vendia aparelhos de rádio Philips, Ademar Casé utilizava um método original. Visitava residências que tinham telefone — quem tem telefone pode ter rádio, era sua premissa lógica — e, na ausência do dono da casa, deixava o aparelho sintonizado na Rádio Sociedade, a sua preferida. Com a seguinte proposta: "Se gostarem, ótimo; senão, passo aqui amanhã para pegar." No dia seguinte, a pressão de esposa, filhos e empregados produzia resultados.

Pelo menos uma vez, Casé valeu-se de técnica idêntica para a venda de anúncios para o programa. Ao abordar o sr. Albino, dono da Padaria Bragança, na rua Voluntários da Pátria, esquina com a Real Grandeza, em Botafogo, lançou o argumento: "Vou colocar o anúncio no ar. Se o senhor gostar, paga; senão, fica de graça." Mais uma vez, o talento de Antonio Nássara revelou-se fundamental para Casé. Ao criar a primeira mensagem publicitária musical brasileira: um fado para balançar um coração lusitano. Interpretado por Luiz Barbosa, o cantor de todas as bossas, com toques de guitarra portuguesa, o fado fez seu Albino emocionar-se. Ao buscar o lenço no bolso, encontrou a carteira e fechou contrato por um ano. A estabilidade de que o *Programa Casé* precisava.

> Ó padeiro desta rua,
> Tenha sempre na lembrança:
> Não me traga outro pão
> Que não seja o Pão Bragança.
>
> (Nássara, depoimento a Carlos Didier, 15/09/1987)

As quadrinhas de segunda parte se sucediam, como nos sambas:

> Pão, inimigo da fome,
> Fome, inimiga do pão.

Neste ponto, algumas notas de guitarra portuguesa. Depois, a conclusão:

> Enquanto os dois não se matam,
> A gente fica na mão.

Outra quadrinha de segunda, sempre com o solo de guitarra após o segundo verso:

> De noite, quando me deito,
> Faço a minha oração.
> Peço com todo respeito
> Que não me falte o pão.

Vez por outra, o irrequieto Luiz Barbosa encaixava um breque:

> — Pão Bragança!

Quando Nássara deixou o programa, Eratóstenes Frazão e Lauro Sarno Nunes, o Terra de Sena, assumiram a redação de anúncios. Em maio de 1933, o redator seria Orestes Barbosa.

— Eu fui o primeiro, larguei porque não sou mesmo constante em nada. O que eu acabei sendo obrigado a ser é caricaturista. Porque fico em casa, não tenho que estar ouvindo "nhém-nhém".

(Nássara, depoimento a Carlos Didier, 14/12/1994)

21

Segundo Antonio Nássara, *Jornada* era o "sonho da vida" de Orestes Barbosa. Um matutino que encerraria o período de inação em que este se encontrava desde outubro de 1930. Um instrumento para atuar contra inimigos — a Light e os portugueses — e a favor da língua brasileira e da cidade do Rio de Janeiro. Para um jornalista de combate, significava voltar a respirar.

Jornada, primeiro e último jornal de Orestes Barbosa, contou com a força de Mário Cordeiro e de Antonio Nássara, do início ao fim. De Orestes era a edição; de Mário, a administração; de Nássara, o projeto gráfico. No cabeçalho, a cadeia de montanhas cariocas ao fundo do título. Na equipe, jornalistas experientes, como Carlos Motta e Nelson Costa, se misturavam aos jovens Mário Martins, Maurício e Carlos Lacerda.

Era de Nássara a boneca apresentada por Orestes a José Soares Maciel Filho, em sua residência, na Praia do Flamengo. Atrás de apoio financeiro do grupo político liderado por João Alberto Lins de Barros, ex-interventor em São Paulo, agora chefe de polícia da capital.

Jornada, com redação na rua do Rosário, 163, 1º andar, chegou às bancas em 26 de novembro de 1932. No mesmo dia, recebeu saudação do vespertino *A Noite*, com elogio ao seu "feitio leve, agradável, atraente". E motivou a criação do segundo *jingle* de Antonio Nássara, divulgado durante festa promovida por Francisco Alves na Rádio Philips.

Para agradar seu parceiro na canção *Meu companheiro*, o cantor convidou alguns craques da música carioca para *A Noite de Jornada*. No programa, apresentado por Lamartine

Babo, exibiram-se Luiz Barbosa, Noel Rosa, Ismael Silva e Patrício Teixeira, acompanhados por Nonô, Custódio Mesquita, Luiz Americano, Ismerino Cardoso, Djalma, Tute, Jacy Pereira, o Gorgulho, Carlos Lentine e Walfrido Silva. Um time de primeira. E a Mario Reis coube interpretar a marchinha de Nássara:

> De manhã cedo, ao romper da madrugada,
> Os jornaleiros gritarão: *Jornada*!
> Leia, leia *Jornada*
> Que é o seu jornal
> E um grito de alvorada.
>
> (*Jornada*, de Nássara, 1932; depoimento
> a Carlos Didier, 22/08/1992)

Jornada foi um sonho intenso e breve. Por pisar com firmeza em certos calos poderosos, chegando mesmo a sujar algumas polainas, durou pouco. Espezinhou tantos com tal energia que é difícil precisar quem pediu seu fechamento. Ainda antes do fim do ano, Orestes Barbosa foi convidado a prestar esclarecimentos na polícia, cujo chefe, João Alberto, era o patrocinador do matutino. *Jornada* resistiu apenas 27 números.

22

Nas crises afloram inimigos insuspeitados e se revelam amizades verdadeiras. O gaúcho Rubem Gill, caricaturista e escritor teatral, pertencia ao segundo grupo. Foi quem abriu as portas para Antonio Nássara em *O Radical*.

Toda noite, depois de armar o jogo em *Jornada*, Nássara entregava a finalização para os aprendizes e partia para fechar a primeira página do matutino fundado em junho por Rodolpho de Carvalho, cujo subtítulo era "A Voz da Revolução".

Em 24 de dezembro de 1932, ao deixar a rua Treze de Maio, onde ficava *O Radical*, encontrou-se com Américo Pereira dos Santos, chefe de reportagem policial do *Correio da Manhã*. Este descia triste pela rua da Carioca. Vinha da Gomes Freire, de onde saíra do batente com um vale de apenas 5 mil-réis. O jornal de Edmundo Bittencourt também sofria com a crise no ano da Revolução Constitucionalista. Como não dava para nada, tentou morder o caricaturista:

> — Eu não tenho nenhum dinheiro, Américo. Estou também duro.
>
> (Ivo Pereira dos Santos, depoimento a Carlos Didier, 08/03/1993)

O que de melhor podiam fazer dois homens de bem, quase sem dinheiro, numa véspera de Natal? Juntar o pouco que tinham e jogar.

Havia na Lapa uma víspora famosa, muito frequentada por Antonio Nássara. Num palco, uma menina bonita, de patins e vestido curtinho, fazia uma voltinha, dava uma pala para

VOCÊ É UM AMOR, S/DATA

um amigo e batia na bola. Quem anunciava o número da casa em que a bola penetrava era Mário Gonçalves Vianna. Ex-engraxate, baleiro e jornaleiro, guarda-civil que cumpria a ronda com o compositor Roberto Martins. Dono de voz poderosa, quando cantava o jogo todos ouviam. Quem marcava primeiro a quina no cartão gritava: "Chega!" Um jogo de azar.

Da rua da Carioca até a Lapa, passando pela praça Tiradentes, eram várias as vísporas. Os dois amigos arriscaram a sorte em certo jogo de piões e bolas. Compraram três cartelas para cada um. Nássara bateu uma; Américo, outra. Continuaram a bater. Às 9h30 da noite, quando já estavam com 8 contos de réis, decidiram parar. Trocaram as cartelas premiadas e dividiram o dinheiro. Em partes desiguais.

— Ô Américo, eu não preciso de tanto dinheiro que eu sou solteiro.

(Mesmo depoimento)

Américo dos Santos desceu novamente a rua da Carioca. Desta vez, feliz da vida. Na Confeitaria Rio Branco, na esquina da rua São José com a avenida, adquiriu uma fartura de frutas, presunto, guloseimas de toda ordem. Na Feira de Leipzig, casa de origem germânica da rua Sete de Setembro, escolheu um patinete alemão para o filho Ivo e uma boneca francesa para a filha Isa. Desejos expressos, dias antes, em passeio com a mãe pelo Centro. Quando chegou em casa, na rua Polixena, atual Arnaldo Quintela, em Botafogo, dentro de um táxi abarrotado, as crianças já estavam dormindo. Só dona Maria Rosa, sua esposa, sem nada na mesa e na árvore, estava acordada. Ela apavorou-se:

— Meus Deus, você roubou alguém?

(Mesmo depoimento)

Américo Pereira dos Santos teve sua noite de Papai Noel.

23

Em 22 de dezembro de 1932, dois dias antes de arrematar alguns contos na víspora dos piões, Antonio Nássara comprara um bilhete musical premiado. Neste dia, Francisco Alves e Mario Reis gravaram *Formosa*. Nássara tinha plena consciência de sua boa sorte e estava eufórico:

— Ter uma música gravada por essa dupla era meia consagração.

(Nássara, depoimento a S. Khoury, Rádio JB, 19/01/1974)

No início do ano, durante o Carnaval, ele presenciara, no baile do High-Life, o êxito de *Teu cabelo não nega*, marchinha de Lamartine Babo e de João e Raul Valença. Assistira o maestro Jota Tojeiro, à frente da orquestra, insistir na introdução musical. A da gravação original de Castro Barbosa com o Grupo da Velha Guarda, liderado por Pixinguinha.

— *Teu cabelo não nega* já valia pela introdução.

(Nássara, depoimento a Carlos Didier, 25/02/1996)

Formosa, antes de ser marchinha, era um samba que começava com o refrão: "Foi Deus quem te fez formosa/ Formosa, formosa/ Porém, este mundo te tornou/ Presunçosa, presunçosa." Samba feito para o Conjunto da ENBA, em mais uma parceria com o colega Jota Ruy, interpretado nas rádios, com todos os requintes da bossa, por Luiz Barbosa.

Foi Francisco Alves quem propôs a Nássara, no Café Nice, a gravação em dupla com Mario Reis. Partiu do cantor, também, a sugestão de que *Formosa* fosse transformada em marcha. Tanto a proposta quanto a sugestão foram aceitas sem hesitação.

Nássara achou por bem compor uma introdução, ainda impressionado com o valor desta para o sucesso de *Teu cabelo não nega*, no High-Life. Outra mudança: em disco, "Formosa" começaria pela segunda parte: "A saudade de um amor/ No meu peito quis entrar/ O amor já foi-se embora/ E a saudade quis ficar."

Por um destes golpes do destino, o disco com *Formosa* e *Primeiro amor*, samba de Ernâni Silva e Noel Rosa, gravado sete dias depois da marchinha, era o penúltimo do mais importante dueto da música brasileira. Registrados nos mesmos 22 e 29 de dezembro, *Mas como... outra vez?!* e *Fita amarela* formariam o derradeiro 78 rotações de uma associação musical que Nássara vira nascer, em estúdio, em companhia de Orestes Barbosa, dias antes da Revolução de 1930 mudar os rumos do país.

Em 1933, *Formosa* fez sucesso no Carnaval. Ao lado de *Até amanhã* e *Fita amarela*, de Noel Rosa, de *Linda morena* e *A tua vida é um segredo*, de Lamartine Babo, de *Moreninha da praia* e *Trem blindado*, de João de Barro. Com *Formosa*, Antonio Nássara passou a figurar entre os grandes.

24

Numa época em que os sucessos carnavalescos batizavam o ano, 1932 fora o ano de *Teu cabelo não nega*. Por outro lado (o lado do samba e da praça Onze), também tinha sido o do primeiro concurso das escolas. Uma iniciativa do *Mundo Sportivo*.

Quando terminou o campeonato carioca de 1931, com o América campeão, o jornal ficou sem assunto. Para ocupar a entressafra do futebol, Mário Filho aceitou uma proposta do repórter Carlos Pimentel. Segundo Nássara, um "malandro de zona" que circulava pelas imediações do Estácio, atrás de notícias e prazeres.

Na sala de redação estavam Mário Rodrigues Filho, Carlos Pimentel e Antonio Nássara.

> — Pimentel deu ideia de fazer um concurso de samba. Aí é que eu acho que... É o tal negócio, não é? A genialidade do Mário Filho, a meu ver, ultrapassou tudo, puta que o pariu. Porque ele chegou: "Não, mas vem cá, por que a gente não faz uma coisa maior, uma disputa entre, por exemplo, São Carlos... (que já existia, estou me lembrando) São Carlos apresenta o samba, o pessoal da Mangueira apresenta também um samba..." Aí o Pimentel ganhou a parada: "Faz um negócio melhor..." E escreveu, mais ou menos, os itens... Puta que pariu, palavra de honra, isso é integral. Eu estava na sala porque ia paginar. Então, o Pimentel escre-

> veu: enredo, tudo que se usa, mais ou menos o que se faz até hoje, pra contar ponto. O Mário ficou satisfeito: "É isso mesmo!"
>
> (Nássara, depoimento a Carlos Didier, 22/08/1992)

Enredo, porta-bandeira, fantasia, samba. Os quesitos foram ditados, um a um, por Carlos Pimentel. Para a divulgação do "campeonato de samba", o *Mundo Sportivo* publicaria uma série de entrevistas com compositores do Estácio, Mangueira e Osvaldo Cruz: Ismael Silva, Cartola, Maciste, Paulo da Portela. Uma campanha que precisava de um título.

> — "Chama o Nelson. Oh, Nelson, faz logo a manchete que é para amanhã!" "Oh, Oh..." [balbuciou Nelson Rodrigues]. Ele fez um título que até hoje eu tenho no ouvido. Duas linhas, ainda me lembro: "A alma sonora dos morros descerá para a cidade". Ficou na minha memória, rapaz, até hoje. Ainda brinquei com ele. Ele fez o subtítulo e ficou na sala, porque tinha de correr, compreende? Aí o negócio foi engrossando até que chegou ao desfile na praça Onze.
>
> (Mesmo depoimento)

Com o *Mundo Sportivo* sem tostão em caixa, o coreto, armado em frente à escola Benjamin Constant, foi bancado por um português da praça Onze, o dono da Cervejaria Centenário. Devidamente "esfaqueado" por Carlos Pimentel, prontificou-se, ainda, a fornecer cerveja e guaraná no dia do desfile.

Os jurados do *Mundo Sportivo* — José Lyra, crítico teatral, J. Reis (Júlio César do Lago Reis), maestro e crítico musical, Álvaro Moreyra, poeta e cronista, Eugênia Álvaro Moreyra,

PATICUMBUM PUGURUNDUM, DÉCADA DE 1990

jornalista e artista teatral, Raimundo Magalhães Júnior, redator, e Orestes Barbosa, cronista e letrista — elegeram a melhor escola e o mais belo samba. Antonio Nássara, que a tudo assistiu, com olhos observadores de desenhista e ouvidos atentos de compositor, contou o resultado:

> — Os vitoriosos foram: Portela, o melhor samba de todos [cantarolando]: "Lá vem ela, chorando,/ O que é que ela quer?/ Pancada não é, já dei./ Mulher da orgia quando começa a chorar,/ Quer dinheiro, dinheiro não há./ Não há..." Esse foi o primeiro [lugar]. Agora, a Mangueira ganhou no conjunto geral. Mais pontos nas fantasias, as baianas da Mangueira, isso ficou até hoje, aquelas senhoras velhas e tudo. Mas era uma beleza, viu? Aquele rodado, como elas chamavam, não é? Foi uma coisa espetacular para a época.
>
> (Mesmo depoimento)

Um ano depois, com *Formosa*, Nássara estaria entre os vitoriosos do Carnaval. Os ventos estavam mudando. E, como diziam os antigos, era preciso saber aproveitar a boa sorte.

25

Batizar o programa com o nome de *Talismã* era uma maneira de exorcizar o azar. Além de ser um agrado à Casa Guimarães, uma lotérica da rua do Ouvidor, esquina com Quitanda, patrocinador conquistado por Antonio Xisto Paraíso. A parceria com um camarada chamado Paraíso soava, de mais a mais, como um prenúncio de felicidade.

> — Eu andava naquele tempo à procura de dinheiro, numa situação terrível. Topava qualquer negócio, mesmo. Topei esse.
>
> (Nássara, depoimento a Carlos Didier, 02/11/1995)

Com argumentação idêntica, topara atuar como *speaker* do programa de Pinto Filho, ator de teatro de revista, que também se defendia nas ondas radiofônicas. O cômico, amigo de certa francesa, conseguira dois anunciantes: a Casa Cotia e o Foguete, sapateiro do tipo "meia-sola em trinta minutos". Quando o número musical terminava, se Nássara estivesse distraído, batendo papo, Pinto Filho assumia o microfone: "Olha o rabo dela! Que rabo, seu Nássara!" Era a cotia. Na vez do sapateiro: "Ssshh, opa que foguete, seu Nássara, que foguete! Pou, pou, pou!" Truques para alertar o locutor que corria para a leitura do reclame. Segundo o compositor Roberto Martins, Pinto Filho não sabia ler.

"De passagem pelo nosso estúdio" era expressão espirituosa para comunicar aos ouvintes (e confirmar com os artistas) que aquela apresentação seria gratuita. Um símbolo do rádio amadorístico: "De passagem pelo nosso estúdio, Custódio Mesquita vai acompanhar ao piano Luiz Barbosa, que também nos dá o prazer de sua visita." No início do programa *Talismã*, segundo Nássara, todos estavam sempre "de passagem".

O trato entre os dois Antonios era simples: cada um ficava com o que conseguisse. Assim, não havia "possibilidade de beiço". A produção se viabilizou quando Nássara conquistou o patrocínio de O Camiseiro, loja da rua da Assembleia, cujo dono era amigo de seu pai, Gabriel Jorge. À guisa de propaganda, o autor de *Formosa* inventava marchinhas em louvor ao comerciante:

> — "No Camiseiro, no Camiseiro,/ Você entra nu/ E sai vestido,/ Sem dinheiro." Era tudo assim. Era um programa curiosíssimo.
>
> (Nássara, depoimento a Carlos Didier, 02/11/1995)

Em junho de 1933, estava no ar o *Talismã*, pela Rádio Educadora, aos domingos, das 11 às 15 horas. Para facilitar a ação dos deuses da sorte, começava antes do *Programa Casé*. E, como este, era dedicado à música popular.

ORESTES BARBOSA, 1944

Neste mês, ouviram-se as vozes de Luiz Barbosa, João Petra de Barros, Carmen Machado e Arnaldo Amaral, os pianos de Custódio Mesquita e Mario Travassos de Araújo, os violões de Glauco Vianna e Geraldo, além da

Orquestra Típica Argentina, dirigida por Pablo. Havia até uma Orquestra Talismã, sob a direção de Alfredo Pereira.

Se nas primeiras irradiações não havia como pagar os artistas, a fase "de passagem pelo nosso estúdio" deu lugar rapidamente à dos cachês. Em patamar próximo ao dos grandes programas. A tabela, em agosto, previa 50 mil-réis para cantores como Mario Reis e Silvio Caldas e para músicos como Custódio Mesquita. Noel Rosa compusera, em homenagem ao *Talismã*, uma marchinha:

É santo forte
Que satisfaz a nossa unânime vontade
É o emblema
Da boa sorte
Ter boa sorte é ter também felicidade...

Hoje em dia, *Talismã*
É receita universal.
Foi ouvindo esse programa
Que se levantou da cama
Um doente no hospital.

(*Talismã*, de Noel Rosa, trecho, em "*Broadcasting*",
O Radical, 11/06/1933, p.10)

Para Nássara, Paraíso era um sujeito inteligentíssimo e muito envolvente. Foi com ele que conheceu a cocaína. Uma amizade forte que não o impedia de classificá-lo, apesar de mais velho, como emocionalmente desequilibrado.

> — Ele era desajustado total. Não ligava [para] nada. Dava beiço mesmo e ia embora. Mas era bacharel. "Compre uma e leve três." O sujeito comprava uma camisa e levava mais dois colarinhos. Geralmente puía. Tudo invenção dele.
>
> (Nássara, depoimento a Carlos Didier, 02/11/1995)

Quando Nássara abandonou as estações de rádio, em meio à ascensão do *Talismã*, este foi um furo da coluna de Orestes Barbosa, em *A Hora*:

> De passagem pelo nosso estúdio...
>
> Luiz Antonio, figura brilhante, que foi o primeiro *speaker* do *Programa Casé*, e atualmente dirige o *Talismã*, possivelmente abandonará as atividades das irradiações.
>
> (*A Hora*, 1º/08/1933, p. 4)

A resposta de Nássara, por carta, foi publicada dois dias depois, no mesmo espaço.

> Velho Orestes.
>
> Li, na sua seção de rádio, uma nota a meu respeito, que, francamente, me obriga a tirar o chapéu respeitosamente ao repórter que é você.
>
> É a expressão da verdade o que você diz.
>
> Estou, estive "de passagem pelo nosso estúdio".
>
> (...)

> As minhas ocupações se multiplicaram, e não me sobra tempo para me dedicar de verdade ao *Talismã*.
>
> (*A Hora*, 03/08/1933, p. 4)

Era o adeus aos estúdios. De agora em diante, somente caricaturas e composições. Além da paginação nossa de cada dia.

26

O samba *Caixa Econômica*, de Antonio Nássara e Orestes Barbosa, era para ser apenas uma mordida na instituição de mesmo nome. Feito com talento, foi muito mais que isso. Quem teve a ideia da facada, não se sabe. Sabe-se que Álvaro Cotrim, o Álvarus, amigo de ambos, era o chefe de publicidade. E que Nássara tinha feito o refrão:

> Você quer comprar o seu sossego,
> Me vendo morrer num emprego,
> Para depois, então, gozar.
> Esta vida é muito cômica,
> Eu não sou Caixa Econômica
> Que tem juros a ganhar.
>
> (*Caixa Econômica*, de Orestes Barbosa e
> Antonio Nássara, trecho)

Como marketing, soava um bocado esquisito. Parecia mais um antimarketing. Mesmo assim, os dois marcaram o encontro. Nássara cantarolou o estribilho, o dono da grana gostou ("Ih, está uma maravilha", seria esta a sua reação) e os parceiros receberam a proposta de 5 mil-réis. Com pagamento posterior à gravação, a única exigência de Álvarus.

Uma das segundas partes foi feita por Nássara; a outra, por Orestes. A de Nássara inspirou-se numa máxima popular: "Se o pai trabalha demais, o filho nasce exausto." Era este argumento desenvolvido em oito versos.

Meu avô morreu na luta
E meu pai, pobre coitado,
Fatigou-se na labuta,
Por isso eu nasci cansado...
E pra falar com justiça,
Eu declaro aos empregados
Ter em mim esta preguiça,
Herança de antepassados...

(Mesmo samba, trecho)

Caixa Econômica é um "samba de bossa", gênero cujas características são letra de humor, melodia leve e rica em divisões, cacos e breques, percussão miúda, entrosamento rítmico entre canto e instrumentos. Gênero para o qual as gravações de *Caixa Econômica* e *Seja breve*, de Noel Rosa, os dois lados da mesma chapa, são um marco.

Luiz Barbosa e João Petra de Barros fizeram as duas vozes, acompanhados pelo piano de Custódio Mesquita e pelo chapéu de palha do próprio Luiz. Apenas isso; tudo aquilo. Quando Petra entra, Luiz sai; quando Luiz entoa, Petra silencia; e cantam simultaneamente à perfeição. No piano, Custódio batuca nas teclas com uma categoria que vai deixar alguns em dúvida: o pianista seria mesmo aquele branco elegante? Não seria o mulato Nonô? Era, de fato, Mesquita — cujo nome, aliás, não se encontra na etiqueta. Em 26 de julho, dia seguinte ao da gravação, a coluna de Orestes Barbosa punha fim às especulações:

> Luiz Barbosa e João Petra de Barros, com Custódio Mesquita ao piano, gravaram, ontem, na Victor, o samba *Caixa Econômica*, de

> Orestes e Nássara. A prova revelou o esmero desses três aplaudidos vultos do disco nacional.
>
> (Rádio, *A Hora*, 26/07/1933, p. 4)

Os 5 mil-réis pagos pela música *Caixa Econômica* foram divididos entre os dois autores e os dois cantores. Custódio Mesquita, dono de situação financeira confortável, fez questão de não receber nada.

Vivia-se o tempo da dureza, da bossa e da elegância.

GOLPE DO SUADOURO, 1978

27

A carreira de compositor de Antonio Nássara poderia ter acabado aí. Ele andava distraído, como era seu jeito de andar, atrás do ganha-pão em jornais, entre caricaturas e paginações. Em agosto ou setembro de 1933, quando os cantores começaram a selecionar sambas e marchas para o Carnaval, Francisco Alves indagou, ainda com *Formosa* na cabeça:

> — Como é? Você não vai fazer música nenhuma para o ano que vem?
>
> (Nássara, depoimento ao MIS, 12/02/1968)

"Não vá bancar o compositor de uma música só", espicaçou Chico, "ninguém vai acreditar que foi você quem fez aquela." Estimulado pelo maior cantor do Brasil, Nássara sentiu-se com a obrigação moral de compor.

Na inauguração do Teatro João Caetano, erguido no local do São Pedro, na praça Tiradentes, em junho de 1930, uma companhia francesa encenara a opereta *Rose Marie*, com libreto e letras de Otto Harbach e Oscar Hammerstein II e melodias de Rudolf Friml e Herbert Stothart. Nássara ficou com uma melodia da opereta no ouvido, justamente a da canção *Rose Marie*.

As sete primeiras notas de *Rose Marie* são o começo de *Maria Rosa*. Da oitava nota em diante, Nássara seguiu por outro caminho e encaixou, de brincadeira, algumas palavras para atrair uma pequena. Uma cantada, ao pé da letra: "Cadê Maria Rosa?/ Tipo acabado de mulher fatal." Durante certo tempo, foi apenas isso: uma tentativa de sedução. Até transformar-se na marchinha gravada por Francisco Alves.

> Cadê, Maria Rosa?
> Tipo acabado de mulher fatal
> Que tem como sinal uma cicatriz,
> Dois olhos muito grandes,
> Uma boca e um nariz.

No High-Life, durante a folia, Antonio Nássara esbarrou com Di Cavalcanti. O pintor estava no segundo andar, em companhia de paulistas endinheirados, espécie de "texanos", a espocar champanhes e derrubar uísques. Chamou Nássara para a mesa e não parava de instigar o maestro para que executasse, mais uma vez, *Maria Rosa*. Di parecia especialmente entusiasmado. Por conta, talvez, do refrão: em versos e notas, era o desenho de um rosto. Uma espécie de "retrato cantado".

Para Francisco Alves, *Maria Rosa* foi mais um sucesso. Num ano em que ele fez barulho também com um samba, *O correio já chegou*, e duas outras marchinhas, *Há uma forte corrente contra você* e *Tipo sete*.

Para Nássara, *Maria Rosa* foi um método e um filão. Uma avenida pela qual ainda iria desfilar.

28

O processo de transformação de *Rose Marie*, música pronta e acabada, em outra canção, desta vez carnavalesca, lembra a criação de uma caricatura e de um cartum. Na caricatura, a partir de uma fisionomia, produz-se uma imitação espirituosa do real. No cartum, com origem em pessoas e situações conhecidas, por meio de interpretações satíricas, cria-se uma história em desenhos.

Há muito de brincadeira em metamorfosear uma canção alheia e colocá-la na boca do povo, em salões e em praças públicas, com caráter invariavelmente alegre, muitas vezes cômico. Foi assim com o original "Oh, Rose Marie, I love you", verso apoiado em sete notas sentimentais, transfigurado em "Cadê Maria Rosa", com as mesmas notas, agora saltitantes.

Parece ser esta a técnica por trás de todas as "apropriações" de Nássara: o caricaturista e o cartunista trabalhavam para o compositor. Ele era um desenhista tão vocacional que se revelou até como compositor, frequentemente, um artista do traço.

29

Maria Rosa era a melhor aposta de Antonio Nássara para o concurso de Carnaval de 1934. O compositor concorria também com *Tipo sete*, outra marchinha, parceria com Alberto Ribeiro. Mas arriscava suas fichas mesmo em *Maria Rosa.*

Tipo sete era referência ao café, o mais forte item da produção brasileira, classificado de acordo com grãos defeituosos e impurezas. Quanto menor o número, mais perfeito o produto. Se o dois era o preferido dos *gourmets*, o sete, na década de 1930, era orgulho nacional: café de exportação.

A marchinha de Nássara e Ribeiro catalogava as mulheres brasileiras em quatro tipos: louro, moreno, claro e escuro.

> O tipo louro
> Vale um tesouro
> Mas perto do moreno
> É café pequeno.
>
> (*Tipo sete*, de Nássara e Alberto Ribeiro, trecho)

Quando um jornalista, um "amigo afetivo" de Antonio Nássara, pediu a desclassificação de *Maria Rosa*, por ser plágio de *Rose Marie*, o compositor agiu contra *Ride palhaço*, de Lamartine Babo, marchinha baseada na ária homônima da ópera *I Pagliacci*, de Ruggero Leoncavallo.

Mexeu os pauzinhos através de Rivadávia de Souza, substituto de Orestes Barbosa na coluna "Rádio", em *A Hora*. Sugeriu que escrevesse um artigo, com a observação de que o júri se distraíra: *Ride palhaço* estaria nas mesmas condições técnicas de *Maria Rosa*.

Desta luta de bastidores, com *Ride palhaço* e *Maria Rosa* fora do páreo, *Tipo sete*, contando com a força da interpretação de Francisco Alves, foi a grande vencedora.

Nássara saiu do concurso promovido pela Prefeitura do Distrito Federal com metade do prêmio de 5 contos de réis, alguns desafetos e certa dose de constrangimento. Admirava Lamartine Babo, para ele talvez nosso maior compositor de música popular. E sabia, no fundo, que *Tipo sete* não merecia o primeiro lugar.

> — *Tipo sete* ganhou do *Ride palhaço*, que era, a meu ver, uma das marchas mais bem-feitas de vários Carnavais...
>
> (Nássara, depoimento ao MIS-RJ, 12/02/1968)

30

Cuore ingrato era uma canção italiana de enorme popularidade. Composta por Salvatore Cardillo e Riccardo Cordiferro, fora gravada pelo tenor Enrico Caruso em 1911. Inspirada por certa Catarina, mulher perversa, citada nas primeiras estrofes e lamentada no refrão, em dialeto napolitano, cuja tradução seria: "Coração, coração ingrato!/ Tu roubaste a minha vida/ Tudo passou/ E nisso não pensas mais."

De 1934, *Coração ingrato*, marchinha de Antonio Nássara e Eratóstenes Frazão, é uma inversão do original *Cuore ingrato*. Em vez de lamentar, exalta os áridos corações. No caso, os dos próprios autores. Com a Constituição aprovada em julho e Getúlio Vargas eleito indiretamente para presidente, sua letra fala em ditador e candidato. Uma pitada de veneno político.

Coração ingrato,
És do desacato,
Sempre foste e serás ditador.
Coração ingrato,
És meu candidato,
Só porque eu sou do amor.

(*Coração ingrato,* de Nássara e Frazão, trecho)

Nas duas segundas partes, *Coração ingrato* mofa de quem tem sentimento: "Pobre de quem tem um coração/ E vive sentindo a dor da paixão/ Eu sofro, tu sofres, ele sofre/ Todos nós sofremos porque temos coração". Era *Cuore ingrato* virado de ponta-cabeça.

Coração ingrato tirou o primeiro lugar entre as marchas do concurso da prefeitura de 1935. À frente de *Cidade maravilhosa*, de André Filho, de longe a preferida do público e destinada a se transformar em hino da cidade. Nássara saía, novamente, com o bolso cheio e o espírito amargurado.

Dessa vez, o povo, em desagravo a André Filho, trouxe nos braços, do teatro até o Café Nice, o compositor da marcha que tirara segundo lugar. Cantando uma paródia da vencedora, composta por Alberto Ribeiro, parceiro de Nássara em *Tipo sete*.

Comissão ingrata,
Amarraste a lata
Na cidade do meu coração.
Comissão lacraia,
Mereceste a vaia,
Dá o fora, ó comissão.

Pobre de quem não tem cotação,
Pois quem tem padrinho não morre pagão.
Eu venço, tu vences, ele vence,
Todos nós vencemos
Quando temos pistolão.

(Fernando Pereira, depoimento a Carlos Didier
e João Máximo, 22/11/1981)

Uma zombaria em cima da comissão julgadora. Uma vaia pública aos autores de *Coração ingrato*. Uma história autêntica da boemia carioca.

> — *Cidade maravilhosa*... Por uma dessas casualidades terríveis. Como se eu fosse um indivíduo marcado para ganhar do que é bom...
>
> (Nássara, depoimento ao MIS-RJ, 12/02/1968)

CARNAVAL, 1944

31

— Ó Nássara, quero fazer uma música com você.

(Nássara, depoimento ao MIS-RJ,
12/02/1968)

Não era um pedido. Com sua personalidade intensa, Ary Barroso não dava oportunidade para evasivas. Nem Antonio Nássara pensava em escapar. Afinal, o compositor trazia pronto o estribilho de *Garota colossal*, marchinha com uma citação ao Hino Nacional brasileiro.

Era questão de fazer a segunda parte. Nássara fez duas. Uma delas com gosto de Noel Rosa e Lamartine Babo, pela pitada de surrealismo:

Por você eu faço tudo,
Fico cego, surdo e mudo,
Sou capaz de trabalhar.
Eu amarro o sol com a lua,
Por uma vontade sua,
Faço o mundo se acabar.

(*Garota colossal*, de Ary Barroso e
Nássara, trecho)

Gravada em outubro de 1934, com acompanhamento dos Diabos do Céu, dirigidos por Pixinguinha, *Garota colossal* foi lançada em janeiro de 1935. De olho no Carnaval. Quando Francisco Alves abria a marcha ("Você, você é o meu hino nacional"), logo após o primeiro verso, a orquestra solava o início da introdução do hino. Era um truque publicitário. Mas transformou-se numa encrenca com a censura.

Ary e Nássara foram visitar a chefia da Polícia do Distrito Federal, cargo ocupado, desde 1933, por Filinto Müller. No gabinete do chefe, Ary Barroso, uma "figura humana extraordinária", "muito extrovertido", no julgamento de Nássara, defendeu como pôde a sua criação. Ao final, Filinto riu.

> — Essa música não pode. Com Hino Nacional, ninguém pode brincar.
>
> — Mas não é Hino Nacional — ainda chorou Ary
>
> (Nássara, depoimento ao MIS-RJ, 12/02/1968)

"Mas era" conformou-se Nássara.

32

A partitura de *Cadência*, marcha de Antonio Nássara e Lamartine Babo, trazia a observação: "Marcha Caricatura sobre motivos da *Valência*." Para não deixar margem a dúvidas. Era outra sátira musical de Nássara, desta vez sobre o *pasodoble* do espanhol José Padilla:

> Cadência,
> Nós cantamos com cadência
> Esta marcha triunfal.
> Cadência,
> Dois a dois, de braço dado,
> Parecendo que é casal.

Mesmo com segunda parte de Lamartine, passou despercebida no Carnaval de 1936. Mas, em termos críticos, valia pela confissão: "marcha-caricatura."

Do mesmo ano, *A.M.E.I.* foi elaborada por Nássara e Frazão em cima de *E lucevan le stelle*, da ópera *Tosca*, de Giacomo Puccini. Uma ideia de Eratóstenes: cantar em ritmo de marchinha as dez primeiras notas da ária. Nássara deu o arremate musical: "A, M, E, I/ Quer dizer amei." Deste ponto em diante, a melodia seguia outro caminho.

A, M, E, I
Quer dizer amei.
S, O, F, R, I
Quer dizer sofri.
Que pena o alfabeto não ter
Letras pra gente escrever
Tudo aquilo que eu senti por ti.

(*A.M.E.I.*, de Nássara e Frazão, trecho)

Se a partitura de *A.M.E.I.* não mencionava a *Tosca* como fonte de inspiração, a orquestração dos Diabos do Céu, acompanhando Francisco Alves, intérpretes também de *Cadência*, valia como uma declaração com firma reconhecida. *A.M.E.I.* marcou o encontro de Puccini com Pixinguinha, na euforia do Carnaval carioca.

33

"Quem será o homem?", perguntou o jornal *A Noite*, em seu concurso carnavalesco, no final de 1936. Uma pergunta pertinente. Uma vez que a Constituição de 1934 previa a escolha do presidente da República por voto popular.

Por São Paulo, concorreria Armando Salles de Oliveira, revolucionário constitucionalista em 1932, interventor federal entre 1933 e 1935, governador do estado. Pelo Rio Grande do Sul, Oswaldo Aranha, articulador da Revolução de 1930, ministro da Justiça e da Fazenda, embaixador nos Estados Unidos, outro nome certo. Armando aparece na marcha *A menina presidência*, de Nássara e Cristóvão de Alencar, como seu Manduca; Oswaldo, como seu Vavá. Os dois primeiros pretendentes. Como na cantiga de roda *Terezinha de Jesus*: "O primeiro foi seu pai/ O segundo, seu irmão." A marchinha, na voz de Silvio Caldas, começa com a mesma melodia, ainda sem pulsação rítmica:

> A menina presidência
> Vai rifar seu coração
> E já tem três pretendentes
> Todos três chapéu na mão.

Pergunta Silvio Caldas, em tom dramático:

> E quem será?

E a marchinha carnavalesca tem início:

O homem quem será?
Será seu Manduca?
Ou será seu Vavá?
Entre esses dois meu coração balança
Porque, na hora H,
Quem vai ficar é seu Gegê.

(*A menina presidência*, de Nássara e
Cristóvão de Alencar, trecho)

Humor visual. Uma charge musical, sem tirar nem pôr. A pergunta de *A Noite*, “Quem será o homem?”, não poderia ter melhor resposta. *A menina presidência* levou o primeiro lugar, e Getúlio Vargas — *O seu Gegê* — permaneceu firme no posto.

34

O Café Nice era o quartel-general da música popular. A segurança do ponto de encontro de compositores, cantores e músicos de todas as patentes estava nas mãos de Antônio, homem corpulento. No primeiro turno, guarda da força pública; no segundo, empregado do café.

Sua principal missão era "tirar as moscas". Ou seja, retirar do ambiente os inconvenientes. Antônio era personagem de uma das histórias de Orestes Barbosa, membro do estado-maior.

> — É mais burro do que os burros. Agora, você vai ver como o azar persegue esse homem...
>
> (Nássara, depoimento a Carlos Didier, 22/08/1992)

A burrice de Antônio, toda a tropa conhecia. O caiporismo era a novidade. Na ocasião, em frente ao café, encontrava-se, de pé, um cidadão. Com aspecto de matuto recém-chegado à capital: chapéu sujo, guarda-chuva no braço, paletó de uma cor e calça de outra. E Antônio aproximou-se para "tirar a mosca".

> — Vamos andar... Vamos andar...
>
> (Mesmo depoimento)

Quando a comunicação verbal se mostrava insuficiente, o guarda costumava empurrar para ver se a mosca se decidia. Quando deu o encontrão, o cidadão retrucou:

> — Eu não posso sair daqui. Estou esperando uma pessoa. Deve estar chegando...
> — Não vem com esta conversa. Vai andando.
>
> (Mesmo depoimento)

Quando empurrava mais uma vez o intruso, um automóvel parou. Para descer a pessoa que o velho aguardava, o chefe de polícia do Distrito Federal. Um nome que Orestes Barbosa pronunciava com deleite:

> — Era nada mais e nada menos que o Filinto Müller.
>
> (Mesmo depoimento)

A narrativa continuava. Porque o velho com jeito de matuto também tinha nome e posto: Hermenegildo de Barros, ministro do Supremo Tribunal.

> — Não deu outro bicho. Pegaram o Antônio e mandaram para Jacarepaguá. Depois, eu vou pedir para ele voltar. Mas ele já vai voltar diferente...
>
> (Mesmo depoimento)

O Café Nice ficava no prédio do Liceu de Artes e Ofícios, na avenida Rio Branco, 168-170. Em 12 de março de 1929, de acordo com publicidade no jornal *Crítica*, chamava-se Casa Nice e servia sorvetes, refrescos, chá, chocolate e café. Mais ainda, oferecia

"Orquestra até 1 hora". Pouco antes dos músicos populares, sem poder aquisitivo, elegerem o local como ponto. Por eles, o último item do cardápio, o mais barato, tornou-se o carro-chefe do estabelecimento.

> — Nenhum de nós tinha dinheiro para almoçar e jantar. Era uma coisa ou outra. Daí o Nice, que nasceu como restaurante, ter com o tempo se transformado em café. E consagrado pela população como Café Nice.
>
> (Nássara, depoimento a Carlos Didier, 26/09/1996)

35

Quando Noel Rosa procurou Antonio Nássara, trazia um rolo de papel na mão e uma pergunta na cachola. O amigo não conseguiria para ele um emprego em jornal como desenhista? Nássara, porém, levou o assunto na brincadeira:

> — Porra, você fazendo música como faz... Vai levar uma vida pior do que já tem... Eu ganho uma miséria...
>
> (Nássara, depoimento a Carlos Didier, 24/09/1980)

Nássara tornara-se parceiro de Noel tempos atrás. Quando se dirigia à casa de Luís de Moura, um colega, e parara para comprar cigarros no Café Ponto Chic, no Boulevard, perto da rua Silva Pinto. Numa das mesas, Noel Rosa escrevia com um cotoco de lápis. Diziam que aquele lápis, quase na unha, seria uma superstição. O compositor interrompeu a tarefa para chamar o amigo:

> — Tem essa letra aqui, acaba isso para nós.
>
> (Nássara, depoimento a Carlos Didier, 24/09/1980)

LIMA BARRETO NO BOTEQUIM, 1978

Era uma marcha-rancho.

Quando por amor suspiro,
A saudade vem então
Encontrar o seu retiro,
Encontrar o seu retiro
Dentro do meu coração

(*Retiro da saudade*, de Noel Rosa e Nássara, trecho)

Ainda durante a caminhada, entre as ruas Silva Pinto e Visconde de Abaeté, onde ficava a casa de Luís de Moura, voltaram à memória de Nássara a melodia e a letra de Noel. De imediato, veio a ideia da segunda parte. A partir de um trocadilho.

Dentro do teu coração,
Não me diga que não,
Só existe falsidade,
Eis a pura verdade.
E eu já fiz um trocadilho
Pra cantar feito estribilho
O teu retiro dá saudade.

Ouvinte assíduo do *Programa Casé*, a princípio entusiasmado com o lançamento pelo rádio, Nássara aos poucos se desanimou. Seu parceiro cantara mais de trinta versos, mas nenhum de sua autoria. No encontro seguinte, fez-se de aborrecido.

— Você me passou pra trás. Olha, não estou mais nessa marcha, não.

(Nássara, depoimento a Carlos Didier, 24/09/1980)

Um ou dois meses depois, se tanto, atendeu um telefonema da Victor. A gravadora pedia que comparecesse, a fim de assinar um contrato. Para dar uma satisfação ao parceiro novo e velho amigo de calçada, Noel Rosa batizara a composição com seu trocadilho — *Retiro da saudade* — e para interpretá-la tinha conseguido unir em dupla os dois maiores cantores, em vendagem de discos, da época: Francisco Alves e Carmen Miranda. No acompanhamento, os Diabos do Céu, de Pixinguinha. Uma espécie de Olimpo da música.

Em 10 de setembro de 1934, Chico e Carmen gravavam juntos, pela primeira e última vez. Justamente, *Retiro da saudade*, marcha-rancho de Antonio Nássara e Noel Rosa (nesta ordem no selo), e *Ninho deserto*, samba de Evaldo Ruy.

— Quer dizer, ele tinha dessas sutilezas, que hoje a gente compreende bem. Ele não precisava, mas talvez fosse pelo prazer de me ter como parceiro.

(Nássara, depoimento a Carlos Didier, 24/09/1980)

Para Nássara, compor era uma diversão formidável. Fez a maioria de suas músicas nas ruas, em passeios, durante conversas fiadas. Dizia que era distração, extravasamento.

Na época, a música popular era regida por um deus boêmio. Havia muito de entusiasmo e pouco de egoísmo. Não precisar de parceiros não significava não gostar de tê-los por perto. Assim pensava Antonio Nássara. E isso valia também para Noel Rosa.

Numa manhã, às 7h30, rumo à paginação em *A Batalha*, jornal de Pedro Motta Lima, na rua do Ouvidor, Nássara entrou num bar, na esquina com o largo de São Francisco. Noel Rosa bebia, antes de encerrar o expediente e regressar ao chalé em Vila Isabel. Segundo ele, por orientação médica.

— Eu estou tomando cerveja porque meu médico disse que cerveja alimenta.

— Tá bem...

— Como eu não gosto de comer sem beber, estou tomando um conhaquinho junto, para ajudar a comida a descer.

(Nássara, depoimento a Carlos Didier, 24/09/1980)

Conheciam-se desde os tempos de garoto. Quando Noel Rosa, em festinhas em Vila Isabel, antes de cantar, gostava de mostrar que era bom violonista. Seu número de abertura era, infalivelmente, *Abismo de rosas*, de Américo Jacomino, o Canhoto. Na opinião de Nássara, "solava muito bem". Em duas ou três ocasiões, foram juntos visitar um senhor chamado Toledo, violonista clássico, que tocava em cordas de tripa e trabalhava nos Correios e Telégrafos. Noel chegou a tomar aulas com ele. E levava consigo, vez por outra, o vizinho de rua.

Quando Noel Rosa adoeceu, Nássara não foi visitá-lo. Por temperamento. Não gostava da ideia de ver a vida do amigo se apagando. Mas, sempre que encontrava dona Martha, mãe do compositor, pedia notícias.

> — Dona Martha, o Noel como está?
> — Está doente, seu Nássara. Não está bem, nem mal.
> — E ele tem feito muita música?
> — Não, seu Nássara, ele está muito fraco. Não pega o violão, não tem força para tocar. O que ele tem feito é muito desenho. Tenho comprado papel Canson, compro tinta para ele, compro guache.
>
> (Nássara, depoimento a Carlos Didier, 24/09/1980)

Mais uma vez a arte gráfica de Noel Rosa cruzava o caminho de Antonio Nássara. Novamente, ele deixou passar. Não foi ver os desenhos.

Quando soube da morte de Noel Rosa, estava na praça Mauá, no bar do Zica, contrabandista da área. Em companhia de Nestor Moreira e Sylvio da Fonseca, jornalistas de *A Noite*. A ordem do jornal alcançou-os no botequim: deviam seguir imediatamente para

Vila Isabel para fazer a cobertura. Nássara aproveitou a condução. No trajeto, os desenhos vieram à sua lembrança.

> — Ô Nestor, você vai dar um furo sensacional. O Noel deve ter muito desenho lá guardado.
>
> (Nássara, depoimento a Carlos Didier, 24/09/1980)

Matérias dessa natureza tornaram-se a especialidade de Nestor Moreira. Ele era, inclusive, amigo da casa. Morava também na rua Teodoro da Silva e pertencia a uma família muito conhecida no bairro. A primeira providência de Nestor, ao entrar no chalé, foi perguntar:

> — Dona Martha, e o Noel? E os desenhos dele?
>
> (Mesmo depoimento)

Estavam na escrivaninha do compositor. Nestor abriu o móvel, pegou o que achou mais interessante e correu para o jornal. Os desenhos foram publicados em *A Noite Ilustrada*, de 11 de maio de 1937. Sete dias depois da morte do autor. De certa forma, estava realizado um desejo do morto.

Apesar de não ter dado bola ao pedido de emprego de desenhista, feito por seu parceiro, Nássara sabia que o sujeito de talento possui "várias ramificações". Em sua opinião, Noel Rosa teria sido "grande caricaturista".

— Não foi um profissional. Agora, se quisesse ser, ele tinha condições de observador. Para chegar a ser um caricaturista até muito interessante. Pelos sambas que ele fez, você vê o que ele não ia fazer como caricaturista também.

(Nássara, depoimento a Carlos Didier,
24/09/1980)

36

Quando o Carnaval se aproximava, os convites de parceria alcançavam Nássara nas calçadas e nos cafés. Para acertar um estribilho, fazer uma segunda parte. No caso de José de Sá Roriz, outro talento com várias ramificações, a relação entre os dois teve início na Escola Nacional de Belas-Artes. Onde foram aluno e professor de desenho.

Quando Sá Roriz trocou a Bahia pelo Rio de Janeiro, para tornar-se mestre concursado do Colégio Pedro II e, mais tarde, das Belas-Artes, já era caricaturista com publicações em *O Malho* e *Dom Quixote*. Lançou-se compositor na capital federal, pela voz de J. B. de Carvalho, conhecido intérprete de pontos de macumba.

A MÃE DA CANTORA DE RÁDIO, S/DATA

Em 1937, ano de seu encontro musical com Antonio Nássara, Sá Roriz teve gravado por Almirante seu *Apanhei um resfriado*, carioquíssimo samba feito com Leonel Azevedo: "Pelo costume de beber gelado/ Apanhei um resfriado que foi um horror." Nássara e Roriz enfrentaram juntos as batalhas de 1938. Com duas marchas. Em ambas,

Arca de Noé e *Periquitinho verde*, a presença de animais. A *Arca de Noé* passaria despercebida apesar da força da interpretação de Almirante:

Lá vem o seu Noé
Comandando o batalhão.
Macaco vem sentado
Na corcunda do leão.

A gravação de *Periquitinho verde* foi decidida na Cinelândia. Onde uma tribo boêmia costumava se reunir toda madrugada, para ouvir antigas histórias da cidade e conhecer novidades da música. O ventríloquo Batista Júnior, após um espetáculo em Niterói, "de passagem pelo auditório", assistiu ao lançamento notívago da marchinha:

Meu periquitinho verde,
Tire a sorte, por favor.
Eu quero resolver este caso de amor,
Pois, se eu não caso,
Neste caso, eu vou morrer.

Batista nem esperou o fim dos aplausos. Fez o pedido na bucha.

> — Escuta Nássara, você quer dar essa música para uma garota que é a minha filha?
>
> (Nássara, depoimento a S. Khoury, Rádio JB, 19/01/1974)

O ventríloquo, que se apresentava com 18 bonecos, o melhor do Brasil na opinião de Nássara, possuía duas filhas cantoras: Florinda e Dirce. No caso, não falava da mais velha, a Linda. Mas da mais moça, a Dircinha, que completara dezesseis anos. A jovem que iria lançar, com sua voz de agudos de flautim, *Periquitinho verde* para o sucesso popular.

Quando, um dia, perguntarem a Nássara qual o melhor intérprete de suas músicas, sua resposta irá surpreender. Compositor gravado por Francisco Alves, Mario Reis, Silvio Caldas, Luiz Barbosa, João Petra, Carmen Miranda, Araci de Almeida, Almirante, Joel & Gaúcho, Ademilde Fonseca, Carlos Galhardo, Orlando Silva, Ataulfo Alves, Anjos do Inferno, Bando da Lua, Quatro Ases e Um Coringa, Ciro Monteiro, Emilinha Borba, Gilberto Alves, Linda Batista, Jorge Goulart, Nelson Gonçalves e Roberto Paiva, suas palavras mereciam estar na parede da casa da cantora:

> — Bem, artisticamente, eu vou ser franco, a Dircinha Batista. Eu não gravei muitas músicas com ela. Mas eu achava a Dircinha uma cantora extraordinária para aquela época. Pode ser...
>
> (Nássara, depoimento a L. C. Saroldi e N. Hamilton, Rádio JB, 14/10/1980)

37

Periquitinho verde disputou o primeiro Carnaval do Estado Novo. Quando o governo revolucionário deu ainda mais poderes ao Departamento Nacional de Propaganda, o órgão encarregado do controle dos meios de comunicação e da divulgação dos valores brasileiros.

Por conta de sua atuação, o julgamento do Concurso Oficial de Marchas e Sambas de Carnaval de 1938 aconteceu na Diretoria de Turismo e Propaganda. Na comissão julgadora, pelo departamento, a escritora Ilka Labarthe; pela SBAT, a Sociedade Brasileira de Autores Teatrais, ainda responsável pela arrecadação de direitos musicais, o dramaturgo Paulo de Magalhães, autor do hino do Flamengo; o Centro de Cronistas Carnavalescos enviou seu diretor, Innocêncio Pillar Drummond; a Casa dos Artistas, o ator Radamés Celestino; o Centro Musical, o maestro Bernardino Vivas. Este colegiado, ao qual cabia escolher, entre 161 obras, os três melhores sambas e marchas do ano, começou por aceitar a sugestão de Magalhães: eliminar, de saída, as baseadas em músicas estrangeiras. Após três filtragens, sobraram 11 sambas e 12 marchas. Entre elas, *Periquitinho verde*.

No auditório da Feira de Amostras, na Ponta do Calabouço, a comissão comunicou a vitória da marcha *Touradas em Madri*, de Braguinha e Alberto Ribeiro, e do samba *Camisa listada*, de Assis Valente.

Porque os perdedores entraram com recurso de anulação, com a alegação de que *Touradas em Madri* era, não uma marcha, um *pasodoble*, gênero espanhol de música, a comissão, que se propusera a descartar o que fosse estrangeiro, reuniu-se para nova decisão.

Pastorinhas, de Noel Rosa e Braguinha, segundo lugar entre as marchas, passou a primeiro. Estranhamente, *Juro*, de Haroldo Lobo e Milton de Oliveira, da terceira foi para a primeira colocação, trocando de posição com *Camisa listada*. E *Periquitinho verde* em nenhum momento esteve entre as vencedoras.

Depois do anúncio, Braguinha, vitorioso em ambos os julgamentos, terminou aos sopapos com Nássara. Porque, quando caminhava ao lado de Almirante, escutou a voz do caricaturista:

> — Quem ganhou o concurso não foi o Braguinha, foi a alma do Noel Rosa.
>
> (Braguinha, depoimento a Sérgio Cabral, *O Globo*, 24/01/1977, em *ABC de Sérgio Cabral*, p. 95)

38

Em 1939, o concurso de músicas de Carnaval foi por voto popular: cada entrada na Feira de Amostras era uma cédula para a urna. Após as queixas e bofetadas de 1938, os organizadores preferiram ouvir a "voz do povo". Sem poder eleger o presidente da República, os cariocas contentaram-se em escolher os melhores sambas e marchas.

Nássara concorria com a marcha *Florisbela*, mais uma colaboração com Frazão, interpretada por Silvio Caldas, e com o samba *Meu consolo é você*, parceria com Roberto Martins, defendido por Orlando Silva. Vinha forte para a disputa carnavalesca.

A descoberta de que o movimento na Feira de Amostras era mais intenso entre meio-dia e 8h da noite foi de Roberto Martins. O plano nasceu assim. Cantores e compositores se uniram para pedir votos na entrada e, à custa de sorrisos e cumprimentos, conquistaram votos suficientes para que Nássara fosse vencedor nas duas categorias: samba e marcha.

Para manter a tradição, os perdedores reclamaram. Espalharam, por exemplo, que Silvio Caldas se fizera acompanhar por um jogador de futebol e um lutador de boxe, Waldemar de Britto e Rubens Soares, que teriam constrangido os eleitores. Desta vez, porém, as composições vitoriosas de Nássara eram de primeira ordem.

Meu consolo é você era um samba antigo, entre vários que Roberto Martins escondia no dólmã. Já que, desde 1929, ele encarnava uma curiosa mistura de guarda-civil e sambista. Filho de pianista, trazia de casa uma valiosa lição: os elogios familiares não correspondiam ao julgamento das ruas. Quando passou a frequentar o meio, percebeu que tinha muito a aprender. E diversas de suas composições voltaram para a escrivaninha.

— Comecei mal. Eu vim de casa com a família dizendo que eu era o maior. Então, botei aquela coroa de maior e fui para a cidade. Cheguei lá... era o menor. Vi que estava tudo errado. Completamente fora. E fiquei durante dois anos cumprimentando, falando com eles, tomando café e procurando me adaptar ao sistema deles. Cortei muitas músicas minhas.

(Roberto Martins, depoimento a Carlos Didier
e João Máximo, 22/02/1981)

Meu consolo é você seria um destes sambas que sofreram remodelação. Muito extenso, tinha no final uma caída que foi suprimida. A primeira parte é toda de Roberto Martins, à moda do Estácio de Sá, bairro de Ismael Silva e Alcebíades Barcelos, dois de seus professores Um samba com segunda de Antonio Nássara:

Mas se por acaso
Você não me perdoar,
Juro por Deus
Que não vou me conformar.
Pois a minha vida
Sem você é um horror.
Eu sofro noite e dia
E você sabe por quê?
Meu consolo é você.

Florisbela é um daqueles momentos, preciosos em música popular, nos quais lirismo e simplicidade se encontram e se completam. A partir da aproximação tradicional entre mulheres e flores, a primeira parte da letra pode ser lida quase como se fosse um poema. Entre uma rosa amarela, um cravo branco e um jasmim, o poeta encontra a musa que lhe nega um beijo. São oito versos de sete sílabas e rimas constantes. Pela simetria e pela regularidade, a estrofe parece ter sido criada antes da melodia. A segunda parte começa com a mesma métrica. Regra quebrada somente no terceiro verso, em obediência à frase melódica, um sinal de que letra e música podem ter nascido simultaneamente. Um ponto alto de *Florisbela* é o desfecho, idêntico ao estribilho, em melodia e letra.

Vendo que nada arranjava,
Eu dei o fora por fim.
E a Florisbela,
Quando viu que eu me afastava,
Correu atrás de mim.
Afinal, as flores belas,
Todas elas são assim.

Ainda desta vez, os perdedores protestaram. Como poderia *Florisbela* vencer *A jardineira*? Era este o grito. Os descontentes escreveram aos organizadores exigindo o cancelamento do concurso. Uma notícia que alcançou Nássara nas calçadas e o deixou deprimido.

> — Não houve fraude. O que houve foi cabala. E cabala é uma das coisas mais rudimentares em democracia.
>
> (Nássara, depoimento ao MIS-RJ, 12/02/1968)

A melhor crônica sobre o Carnaval de 1939 foi escrita por Ary Barroso: o samba *Camisa amarela*. Uma obra-prima. Registra, inclusive, a disputa entre *Florisbela* e *A jardineira*:

> Encontrei o meu pedaço na Avenida
> De camisa amarela,
> Cantando a *Florisbela*,
> Oi, a *Florisbela*.
> Convidei-o a voltar pra casa
> Em minha companhia,
> Exibiu-me um sorriso de ironia,
> Desapareceu no turbilhão da Galeria.
>
> . .
>
> Voltou às sete horas da manhã.
> Mas só na quarta-feira
> Cantando *A jardineira*,
> Oi, *A jardineira*.
>
> (*Camisa amarela*, de Ary Barroso, trecho)

39

Florisbela e *Meu consolo é você* assinalam o ápice do compositor Antonio Nássara. Criações absolutamente originais, sem citações melódicas ou poéticas, foram gravadas por dois dos melhores cantores: Silvio Caldas e Orlando Silva. E mereceram, ambas, orquestrações primorosas.

Nássara gostava mais da orquestração de *Meu consolo é você*. Por seu depoimento, sabe-se que seu autor foi Radamés Gnattali. Uma informação que não está no selo do disco.

> — Tenho a impressão, houve uma pequena revolução nos métodos de arranjo.
>
> (Nássara, depoimento a L. C. Saroldi e N. Hamilton, Rádio JB, 14/10/1980)

Pixinguinha, genial orquestrador, quando fazia modulações, as trocas de tom para o solo instrumental, uma de suas marcas registradas, percorria um longo caminho. Nássara chama a atenção para a diferença.

> — Ele [Radamés] transferiu a parte do canto para a parte de orquestra no mínimo de compassos.
>
> (Nássara, depoimento a L. C. Saroldi e N. Hamilton, Rádio JB, 14/10/1980)

RADAMÉS, S/DATA

Em *Meu consolo é você*, a modulação entre o sol maior de Orlando Silva e o si bemol dos instrumentos acontece em um "mínimo de compassos", como Nássara afirmou. A volta à tonalidade original, da orquestra para o canto, é direta. Radamés, com habilidade, alterou a nota final do tema para a sétima maior do acorde da tônica. Nota que, por feliz coincidência e com sabor norte-americano, permite a transposição em linha reta para a tonalidade primitiva.

Não se pode garantir que *Florisbela* teve arranjo de Pixinguinha. De novo, o selo não traz este dado. Pode-se assegurar, porém, que foi feito à sua moda. Pela sonoridade de bandas militares e pela modulação, de ré maior para fá, por vias sinuosas e encantadoras, tipicamente suas. Parte da graça de *Florisbela* vem da interpretação de Silvio Caldas e da orquestração.

Uma questão de gosto. Em Radamés, o traço reto; em Pixinguinha, as linhas curvas. Síntese *versus* ampliação. Sobriedade em contraste com exuberância. Ao fundo, o moderno contra o barroco. Mais que uma questão de gosto, uma questão de personalidade. De Nássara.

40

Para Antonio Nássara, o Carnaval era uma festa educativa. Para ele, grande folião, ela teria o poder de aguçar o gosto pela música popular. Via na multidão, a bradar marchinhas e sambas, semelhanças com o canto orfeônico.

> — Você chegava num baile e ia ouvir: "Agora é cinza/ Tudo acabado e nada mais..." Isso eu ouvi cantado por milhares de pessoas.
>
> (Nássara, depoimento ao MIS-RJ, 12/02/1968)

Muitos eram os bailes da cidade do Rio de Janeiro. Uns em *clubs* de elite: Fluminense, em Laranjeiras; América, na Tijuca. Outros em associações mais populares: Fenianos, no largo de São Francisco; Democráticos, na rua do Riachuelo; Tenentes do Diabo, na do Passeio; Zuavos, na Visconde de Maranguape. Todos estes marcaram a memória de Antonio Nássara. Nenhum mais que o baile do High-Life.

Clube também de elite, o High-Life ficava no antigo solar do barão do Rio Negro, na rua Santo Amaro, na Glória. Foi café-concerto famoso. Em 1º de setembro de 1892, o *Jornal do Brasil* anunciava, para o dia 7, baile em sua sede, em comemoração à independência. Em 6 de fevereiro do ano seguinte, comentava a festa à fantasia, acontecida na véspera, "em homenagem ao Deus Momo". Na qual se dançaram valsas delirantes, polcas buliçosas e *habaneras* provocadoras.

> Numerosa foi a concorrência de cavalheiros e damas, apresentando-se muitas fantasias de espírito fino e de bastante luxo, destacando-se uma elegante peregrina com seu cajado, diversos bebês, vários zuavos, jardineiras, marinheiros e um misterioso e provocante dominó negro.
>
> (*Jornal do Brasil,* 06/02/1893; José Antônio Nonato, "Nas páginas da história", em *JB,* 06/02/2003)

Foram mesmo os bailes de Carnaval que celebrizaram o High-Life. Na década de 1930, na opinião de Nássara, o clube era o termômetro da festa. No sábado, o maestro Jota Tojeiro fazia a orquestra tocar quase uma centena de composições. Os instrumentos soavam, os foliões cantavam e o maestro observava. As trinta ou quarenta que se destacavam formavam o repertório do domingo. Se no primeiro dia pistons e trombones solavam todas, nos dias seguintes atuavam somente nas introduções. O público, em delírio, nos andares e jardins iluminados, cuidava do restante. Eleger e decorar as melhores fazia parte da cultura. Na terça-feira, sobravam uma dezena de sambas e outra de marchas. Todos os compositores compareciam à festa de consagração no último dia. Em seus salões, Nássara testemunhou o êxito de *Dá nela*, *Se você jurar*, *Teu cabelo não nega*. E, também, da sua *Formosa*.

> — O High-Life era o mais fantástico baile da cidade, termômetro autêntico da popularidade das canções no Carnaval.
>
> (Nássara, depoimento a Carlos Didier, 27/12/1995)

Era o tempo da caitituagem boêmia. Do Carnaval com truques pequenos. Ingênuos até, perto do grande truque que apenas começava.

41

A glória de um compositor, a mais autêntica, era ouvir sua música interpretada espontaneamente pela multidão. Um bloco vinha da esquerda, outro aparecia da direita. Quando se irmanavam no mesmo canto, esta era a maior emoção que um autor podia conhecer.

Durante o Estado Novo ocorreu a primeira tentativa de manipular o canto coletivo. Quando o governo decidiu instalar um sistema de alto-falantes. Operados de dentro do Teatro Municipal, irradiavam por toda a avenida Rio Branco, do obelisco à praça Mauá. Havia, ainda, uma instalação que atingia a praça Onze, onde acontecia o Carnaval mais popular. Todos, assim, seriam obrigados a escutar e a cantar o mesmo repertório.

Os protestos ecoaram imediatamente na ala boêmia da música popular. Um dos primeiros a reclamar foi Alberto Ribeiro, dublê de médico e compositor:

> — Quem é que pode vencer este tipo de voz cantada a 1.000 watts?
>
> (Nássara, depoimento a Carlos Didier, 27/12/1995)

"É só abrir o botão que arrebenta o ouvido de qualquer um", disse outro. De fato, embora alguns enxergassem na iniciativa intenções positivas, os malefícios seriam maiores. Desapareceria o Carnaval sustentado por vozes naturais, por coros espontâneos que consagravam sambas e marchinhas.

Os responsáveis, segundo investigação promovida pela turma, seriam dois assessores de Lourival Fontes, o homem-forte do Departamento de Propaganda: Alfredo Pessoa, diretor de turismo do Distrito Federal, mais tarde diretor de divulgação do DIP; e Ilka Labarthe, radialista, ligada aos concursos de músicas de Carnaval e aos desfiles oficiais de escolas de samba.

Num café na avenida Rio Branco, o grupo decidiu levar o caso ao chefe. Orestes Barbosa faria o contato e Alberto Ribeiro seria o porta-voz. Foram em *petit commité*, os dois e Nássara. Lourival Fontes ouviu a "exposição de motivos" e, simpático à causa, determinou a interrupção.

> — Quem não deve ter gostado foi Milton de Oliveira, que aproveitara para divulgar suas "próprias composições". Era o início da caitituagem profissional; primeira tentativa de ocupar o espaço da caitituagem que já existia, mas era boêmia.
>
> (Nássara, depoimento a Carlos Didier, 27/12/1995)

Milton de Oliveira, parceiro preferencial de Haroldo Lobo, é um divisor de águas na história da "armação" na música popular. Verdade ou lenda, o meio musical atribui a ele, em seu esforço por promover suas músicas, o dinheirinho pago a dirigentes de orquestras, a solistas de blocos de rua e, muito especialmente, a responsáveis por programações radiofônicas. Seria seu o método de riscar com um prego o outro lado do disco para evitar algum "descuido" do *disc-jockey*. Lenda ou verdade, Milton de Oliveira, homem dos novos tempos, foi posto na cena da tentativa de manipulação do canto coletivo pelo próprio Antonio Nássara:

— Talvez Milton — mais tarde reconhecido como "rei do caititu" — tivesse amizade com Ilka ou outro elemento do governo. O sistema fazia com que todos ouvissem o que apenas uns poucos desejavam. Era o "dirigismo" atingindo, ou tentando atingir, o Carnaval, a grande festa do povo.

(Nássara, depoimento a Carlos Didier,
27/12/1995)

42

O Rei Momo foi uma criação integral do vespertino *A Noite*: Vasco Lima, seu diretor, promoveu a ideia; Monteiro Filho, colaborador d'*A Noite Ilustrada*, riscou a fantasia; e Moraes Cardoso, repórter da casa, foi o monarca. Um sujeito cevado, banhudo; como convinha, segundo Nássara.

> — Uma convenção. Como se você desenhasse Baco. Tem de ser gordo, tem de ser um camarada bonachão, negócio de mandar muita cerveja, beber muito e tal.
>
> (Nássara, depoimento a S. Khoury, Rádio JB, 19/01/1974)

Moraes Cardoso era rei da coroa ao dedão do pé — porque sofria de ácido úrico. Nos salões, padecia com as dores e o calor. Aos amigos, queixava-se, com amargura, da obrigação de pular e dançar. Ainda por cima, sorrindo.

Nássara sabia que seu colega de jornal, de São Cristóvão como ele, tinha horror a sambas e marchas. Pelo vigor destes gêneros. E lembrou-se de ter ouvido, na infância, uma valsa no Carnaval.

Era *Despertar do pierrô*, ou *Pierrô e colombina*, do palhaço e modinheiro Eduardo das Neves e do carteiro Oscar de Almeida. Sucesso do Carnaval de 1915. Nássara tinha apenas cinco anos, mas a letra e a melodia não sairiam de sua memória.

Se todo o Carnaval
Não conseguir ao menos
Teu rosto fitar,
Palavra de pierrô
Eu juro me matar.

(*Despertar do pierrô*, de Eduardo das Neves e
Oscar de Almeida, trecho)

Ainda a tempo de enfrentar as batalhas de 1941, Antonio Nássara procurou Eratóstenes Frazão, parceiro de fé.

— Frazão, isso já aconteceu, uma valsa no Carnaval.

(Nássara, depoimento a Carlos Didier, 25/02/1996)

Mais uma vez, uma canção que surgia de outra. Desta vez, de *Les patineurs*, do compositor francês Émile Waldteufel, êxito internacional. Frazão e Nássara começam lamentando, em melodia original, a ausência do gênero no cotidiano musical da cidade: "Antigamente, uma valsa de roda/ Era, de fato, o requinte da moda." Para reafirmar, logo adiante:

Nós queremos uma valsa,
Uma valsa para dançar.
Uma valsa que fale de amores,
Como aquela dos Patinadores

Neste ponto, entra a *Valsa dos patinadores*: "Vem, meu amor/ Vem, meu amor". O que há de saboroso mesmo em *Nós queremos uma valsa*, de Nássara, Frazão e Waldteufel, além da vibrante orquestração de Pixinguinha, é a história. A história do plano.

Durante um chope, com Moraes Cardoso e Sylvio da Fonseca, Nássara vendeu seu peixe ao rei.

> — Olha, ó Moraes, esse ano você está com a vida ganha. Eu vou lançar uma valsa no Carnaval.
>
> — Não me diga!
>
> (Nássara, depoimento a L. C. Saroldi e N. Hamilton, Rádio JB, 14/10/1980)

Moraes Cardoso, na expressão de Nássara, "explodiu de satisfação". Como tinha poderes, afinal era Rei Momo, foi redigida, em seu nome, uma carta. Na qual sua majestade exigia que todos os clubes da cidade, no momento de sua chegada, tocassem a valsa. Ele só dançaria a valsa. Era oficial.

> — Isso deu uma grande ajuda. Mas era tudo na base da boemia. Era uma promoção, mais pra gente achar graça do que para ganhar dinheiro. Mas era; bom...
>
> (Nássara, depoimento a L. C. Saroldi e N. Hamilton, Rádio JB, 14/10/1980)

Era.

43

Quando Haroldo Lobo procurou Antonio Nássara, atrás de uma segunda parte para seu estribilho, já tinha sessenta músicas gravadas. Era um compositor consagrado.

Autor do samba *Desengano*, da mais pura escola do Estácio de Sá: "A primeira vez que eu amei/ Sofri, chorei./ Meu primeiro amor me deixou,/ A razão até hoje eu não sei." Era sua também a deliciosa marchinha *O passarinho do relógio*: "Cuco, cuco, cuco,/ O passarinho do relógio está maluco."

O estribilho que Haroldo Lobo apresentou a Nássara era assim:

> Chegou, chegou,
> A nossa caravana.
> Viemos do deserto,
> Sem pão e sem banana pra comer.
> O sol estava de amargar,
> Queimava nossa cara,
> Fazia a gente suar.

Uma marchinha que teria sido lançada, no ano anterior, por um bloco da Gávea, área de Haroldo Lobo. Sem segunda parte, porém, nada de gravação. Então, Nássara pensou na caravana, no deserto, no sol que queimava nossa cara e invocou Alá, o deus único de seus ancestrais. O resultado foi apresentado ao parceiro defronte ao Café Belas-Artes, na esquina da avenida Almirante Barroso com a Rio Branco, a poucos passos do Nice.

Viemos do Egito
E muitas vezes nós tivemos que rezar:
Alá, Alá, Alá, meu bom Alá.
Mande água pra Ioiô,
Mande água pra Iaiá,
Alá, meu bom Alá.

Mais tarde, Nássara comentaria com o senso crítico que nunca perdeu:

— Quer dizer, surrealismo: "Mande água pra Ioiô", no meio de Alá. Aquela coisa, não é?

(Nássara, depoimento a L. C. Saroldi e N. Hamilton, Rádio JB, 14/10/1980)

Surrealismo fazia parte do jogo, especialmente no Carnaval. O problema era a volta para a primeira parte. O "Chegou, chegou,/ A nossa caravana", do estribilho de Haroldo Lobo, era como um balde de água fria na fervura de "Alá, meu bom Alá". Os dois parceiros perceberam logo. Haroldo pediu que Nássara continuasse a cantarolar: "Alá, meu bom Alá", repetidamente. Até surgir, em sua cabeça, ali na esquina, o novo refrão:

Alá-la-ô,
Ô, ô, ô, ô, ô, ô
Mas que calor,
Ô, ô, ô, ô, ô, ô

Estava, de fato, um dia muito quente. E Nássara vibrou:

— Olha, seu Haroldo, acertamos no milhar.

(Nássara, depoimento a L. C. Saroldi e N. Hamilton, Rádio JB, 14/10/1980)

A marchinha foi terminada por ambos, na hora.

Atravessando o deserto de Saara,
O sol estava quente
E queimou a nossa cara.

No selo do disco: *Allah-lá-ô*. Era o islã no Carnaval. Fruto do talento, nada mais.

44

Mr. Evans, diretor da gravadora Victor, autorizou que Antonio Nássara procurasse Pixinguinha: *Alá-la-ô* merecia o melhor arranjador. O compositor encontrou-o na rua do Chichorro, no Catumbi. Nas mãos, levava a parte de piano que passou ao maestro.

Quando Nássara cantarolou *Alá-la-ô*, Pixinguinha rasgou a folha.

> — Esse negócio não tá bom, não.
>
> (Nássara, depoimento ao MIS-RJ, 12/02/1968)

Escreveu uma nova partitura e fez o arranjo para orquestra.

> — Enxertou esse arranjo de coisas que só ele sabe fazer. Essas coisas, me parece, deram maior brilho ao *Alá-la-ô*.
>
> (Nássara, depoimento ao MIS-RJ, 12/02/1968)

A orquestração de Pixinguinha — à base de pistom, clarineta e trombone — e a interpretação do cantor Carlos Galhardo jogaram a marcha para cima. Onde merecia estar: entre os mais autênticos sucessos do Carnaval carioca. Uma daquelas músicas que o povo elege para parodiar, na rua, nos dias de folia:

Atravessando o largo da Carioca,
O sol tava tão quente
Que queimou minha piroca...

(Humberto Franceschi, depoimento a
Carlos Didier, 2009)

45

Às 4h da madrugada, Nássara assistia a uma roda de choro, em São Paulo. Pixinguinha, apoiado no sax, cochilava. Quando o clarineta deu as primeiras notas de uma melodia desconhecida e encantadora, Pixinguinha abriu um olho e resmungou: "Do começo, rapaz." Em êxtase, a plateia testemunhou seus contrapontos, criados com a simplicidade e a audácia que são a marca do grande chorão.

Foi atrás de uma roda de choro que Nássara e Bororó, o autor de *Da cor do pecado*, visitaram a residência de dona Bêbe Vidigal, na rua Souza Franco, em Vila Isabel. No momento em que chegaram, chorões devoravam uma polca de Candinho Trombone. Gentilíssima, a dona da casa — residência antiga, de 1874 — conduziu os dois visitantes ao guarda-louças, na sala de jantar, repleto de geleias, compotas, doces em geral.

> — Seu Nássara, prove um pouquinho desse doce de cidra, este manjar ou este doce de abóbora.
>
> ("Estou muito 'sastisfeito', madama", de Bororó, *Revista da Música Popular*, jan./1955, p. 33)

A tudo o bravo caricaturista resistia. Bororó, sem a mesma força de vontade, devia imaginar que o amigo já havia jantado. Só podia ser isso. Até que dona Bêbe sacou da cristaleira uma compoteira especial:

— Seu Nássara, olha este doce de coco.
— Dona Bêbe Vidigal, eu dou o cu por um doce de coco.

(Mesma fonte)

A compoteira esfacelou-se aos pés da anfitriã. Os dois saíram de fininho. Enquanto o choro comia solto no salão.

46

Acostumado a emprestar o brilho de seu instrumento a melodias alheias, o pistonista Guilherme, membro do Partido Comunista, procurou Orestes Barbosa com um pedido. Precisava de uma força. (Era, provavelmente, Guilherme Pereira, seu parceiro em *A abelha e a flor*: "Eu era uma abelha e tu eras a flor./ Oh! Como é bom sonhar de amor".) E o poeta o pôs em contato com Antonio Nássara, que nessa época colaborava em *Diretrizes*, revista de Samuel Wainer.

Os músicos pleiteavam certas melhorias salariais e Guilherme tinha dificuldade em tornar pública a campanha.

> — Fui lá n'*O Globo* e o pessoal não atendeu essa nossa reivindicação. Será que você arruma?
>
> (Nássara, depoimento a Carlos Didier, 02/01/1995)

Nássara conversou com o editor e Joel Silveira fez a matéria. Mas uma coisa simples em tempos de democracia era um assunto complicado durante o Estado Novo.

A polícia política, "querendo fazer cartaz", essa era a explicação de Nássara, convocou três ou quatro músicos para prestar esclarecimentos. Orestes Barbosa procurou o caricaturista com um conselho: sumir por três ou quatro dias. Se ele fosse pego ia se chatear. Desaparecendo por uns tempos, o assunto ia morrer naturalmente. Como, de fato, aconteceu.

> — Eu tinha muita confiança nele. Ele se preocupava como amigo, isso me tocou até. De fato, eu não era mesmo de partido nenhum, nunca fui.
>
> (Nássara, depoimento a Carlos Didier, 14/12/1994)

Desde 1935, ano da revolta, os comunistas sofriam marcação severa. Tudo era motivo de desconfiança. Mesmo uma simples tabela musical.

47

Nássara não pertencia a nenhuma corrente política. Tanto que, em 1939, visitara os Estados Unidos. Mais precisamente, a Feira Mundial de Nova York. Sua fotografia, no alto de um arranha-céu, dentro de um alinhado terno escuro, acenando com o chapéu, estampava sua felicidade.

Não exibia, porém, seu pequeno infortúnio. Na véspera da viagem, com passagem comprada e passaporte na mão, foi convencido por Custódio Mesquita, aquele endiabrado pianista de *Caixa Econômica*, um compositor fascinado pela música norte-americana, a dar uma de despedida. Nássara relutou, mas topou. No Mangue, com uma mulher feia e gorda. De quem se lembraria durante todo o percurso. Até a América, atirou em alto-mar sua desventura. Por sorte, conseguiu tratar-se num hospital nos Estados Unidos. Uma aflição que a fotografia não revelava.

Em Nova York, visitou Carmen Miranda, intérprete de sua sedutora marcha *Tome mais um chope*:

> Com você ausente,
> Ninguém vai ficar contente,
> O ambiente num instante vai mudar.
> Tome mais um chope
> E vê se come mais um bife
> Que ainda é cedo pra você se retirar.
>
> (*Tome mais um chope*, de Nássara, trecho)

Estava na residência de Carmen, em bate-papo com Aloísio de Oliveira, quando a dona da casa entrou na sala. Segundo Nássara, Aloísio tornara-se uma pessoa fundamental para a cantora, por conta de seu inglês fluente. Era quem traduzia os contratos para ela. Com a boca cheia de saborosos palavrões — os palavrões ganhavam sabor especial em sua boca — ela reclamava justamente dos termos de um contrato:

> — Puta que pariu! Acabei de assinar um troço que não vou cumprir de jeito nenhum!
>
> (Nássara, depoimento a Carlos Didier, 02/01/1995)

Estava aborrecida com os 73% que iam ficar com o empresário norte-americano. Para ela sobrariam 27%. Essa matemática mereceu o longo discurso que Aloísio de Oliveira escutou com a cabeça baixa. Quando o desabafo terminou, Antonio Nássara citou o "Caça-Rato", um conhecido empresário da noite carioca:

> — Você tem razão, Carmen. Deve mesmo voltar para o Brasil. Lá o "Caça-Rato" fica somente com 20%. É mais negócio. Você fica com 80% dos 100 mil-réis de cachê. Aqui, é muito pior: são somente 27% em cima de... Em cima de quanto?
>
> (Mesmo depoimento)

Ecoou na sala um "Nássara, seu filho da puta", no estilo elétrico da grande intérprete de sambas ligeiros. Um palavrão que saudava a chegada na Broadway da malícia do Café Nice. Da malícia e da elegância, no caso do caricaturista.

Nássara não descuidava da aparência. Era assim no Rio de Janeiro; nos Estados Unidos, com muito mais motivo. Impecável do corte do cabelo ao brilho dos sapatos, foi ao lustrá-los que descobriu um músico. O sindicato patronal o suspendera por um ano, em função de um soco que dera no rosto de um empresário. Nesse período, sobrevivia com a graxa. Por conta da cara de incredulidade, o negro porto-riquenho levou-o a um *club*, onde descascou as teclas do piano com a maior categoria.

Poucos dias depois, Nássara encontrou-se com Vadico. O pianista e compositor, na onda de Carmen Miranda, tentava a vida ao norte.

> — Conheço um engraxate que toca piano melhor do que você. Duvida?
>
> (Mesmo depoimento)

Na mesma esquina, encontrou o porto riquenho. No mesmo clube, assistiu à queda do queixo de Vadico. Quando deixou os dois, o americano já admirava também o talento do brasileiro.

Sua última memória de Vadico, já no fim da década de 1950, não seria boa. Ele o visitaria num apartamento de quarto e sala, em Copacabana ou no Leme. Como mobília, uma cama e um piano de armário. Sonhos terminados, completamente dependente de álcool, o parceiro de Noel Rosa em *Feitio de oração*, *Feitiço da Vila*, *Conversa de botequim*, *Só pode ser você* e *Pra que mentir?*, patrimônio musical para Cole Porter nenhum botar defeito, aguardaria apenas o fim.

48

Uma ideia de Wilson Baptista deu um toque francês ao Carnaval de 1950. Ele tinha lido um dos livros de Honoré de Balzac e ficara impressionado. A ponto de "conversar" com o criador do romance realista.

> E eu dizia: "Você é Balzac, muito intelectual, muito literário, você não dá para o povo, não serve, não serve, não serve..." Mas, de repente, o tema me voltou à cabeça e [eu] disse: "Eu já não sou mais Balzac, eu sou mulher de Balzac, eu sou balzaquiana... a mulher de trinta anos".
>
> (Wilson Baptista, Memórias, em *Wilson Baptista e sua época*, p. 69)

WILSON BAPTISTA, 1941

Um achado que começou a batucar em sua cachola, numa noite dentro do bonde, ainda em Santa Teresa onde morava. Já no largo da Carioca, em frente ao Restaurante da Brahma, esbarrou com Antonio Nássara. Este, bem-comportado, se dirigia para o trabalho numa redação próxima. Com a alegação de que tinha "uma bomba" para o próximo Carnaval, o autor de *Lenço no pescoço* tirou o amigo do caminho do dever. Na verdade, Nássara confiava um bocado no taco de Wilson.

> — Haroldo Lobo e Wilson Baptista, isso eu quero dizer, são os dois compositores mais espontâneos com quem eu tive contato. O Haroldo era de uma fertilidade assim espantosa. E o Wilson Baptista idem.
>
> (Nássara, depoimento ao MIS-RJ, 12/02/1968)

Vindo de um parceiro de Noel Rosa, Lamartine Babo e Ary Barroso, o elogio valia por um grau de doutorado em composição. Nássara acendeu um cigarro, pendurou nos lábios, puxou uma caixa de fósforos e começou a bater. Wilson já trazia, meio pronto, o refrão:

Não quero broto,
Não quero,
Não quero, não.
Não sou garoto
Pra viver mais de ilusão.

(*Balzaquiana*, de Nássara e Wilson Baptista, trecho)

Pela avenida Rio Branco, subindo em direção à Cinelândia, descendo para a praça Mauá, a troca de ideias poéticas e musicais fazia nascer a marchinha.

Sete dias na semana,
Eu preciso ver minha balzaquiana.

Lá pelas tantas, pegaram a rua Evaristo da Veiga e rumaram para a Lapa. Num botequim da avenida Mem de Sá, esquina com a praça dos Arcos, defronte de uma garrafa de cerveja, a composição foi posta no papel.

Para a segunda parte, o caricaturista propôs uma paródia ao tema de *La vie en rose*, êxito romântico mundial de Édith Piaf:

> Quand il me prend dans ses bras
> Il me parle tout bas
>
> (*La vie en rose*, de Édith Piaf e Louis Gugliemi, o Louiguy, trecho)

Nássara usou a melodia dos dois primeiros versos para zombar do lirismo original: "O francês sabe escolher/ Por isso, ele não quer" — e nesse ponto abandonou a música — "Qualquer mulher./ Papai Balzac já dizia,/ Paris inteiro repetia,/ Balzac tirou na pinta:/ Mulher, só depois dos trinta."

Era quase 1h da madrugada quando Wilson Baptista tomou o bonde de volta a Santa Teresa. Sobre o romance que inspirara *Balzaquiana*, não há dúvida: *La femme de trente ans*. Onde, ao lado da análise das responsabilidades da esposa na manutenção do casamento, encontra-se nítido louvor às mulheres maduras. Além de possuírem, "para um homem jovem", "atrações irresistíveis", são muitas, segundo o escritor, suas possibilidades:

> (...) la femme de trente ans peut se faire jeune fille, jouer tous les rôles, être pudique, et s'embellir même d'un malheur.
>
> (Balzac, *La femme de trente ans*)

Quando o povo entoar *Balzaquiana*, um dos maiores sucessos do Carnaval de 1950, da autoria de Nássara e Wilson, dois quarentões, terá na mente esta mulher de grandes recursos, que "pode se fazer de garota, desempenhar todos os papéis, ser casta e até mesmo se embelezar com a infelicidade". Tudo isso e muito mais.

49

O mundo da literatura, em 1950, lembrou Balzac de modo especial. Era o centenário de sua morte. Por conta da data, Francisco de Assis Barbosa, jornalista de *O Globo*, e Michel Simon, escritor francês, promoveram uma campanha em torno do autor da *Comédia humana*.

Michel Simon, que adicionaria Brésil ao seu nome (para não ser confundido com o ator), tradutor de obras literárias brasileiras para o francês, traduziu também *Balzaquiana*. F. Assis Barbosa teve a lembrança de incorporar a marchinha às festas oficiais.

A curiosidade levou Antonio Nássara à cerimônia no Teatro Municipal. Na base do ouvir para crer. Ouviu uma só vez e guardou na memória. Era algo assim:

> Pas de "tendron",
> Non, non,
> Pas de "tendron".
> Suis pas garçon
> J'ai libéré des illusions
> Tous les jours de la semaine
> J'ai besoin d'aimer une balzacienne
>
> (*Balzaquiana*, de Nássara e Wilson Baptista,
> versão de Michel Simon-Brésil)

Com *Balzaquiana*, marchinha carnavalesca nascida nas imediações da Cinelândia, o povo brasileiro subia as escadarias do Municipal a fim de cantar para o velho Honoré. Em seu próprio idioma.

50

Antonio Nássara andava, de novo, sem emprego. Desta vez, com uma mulher — uma mulher de trinta — na cabeça. Quando topou na calçada com Francisco de Assis Barbosa, o promotor da *Balzacienne*.

> — Nássara, vem cá! Olha, vai abrir um grande jornal. É do Samuel.
> — Poxa, o Samuel, eu ajudei ele na revista, na *Diretrizes*...
> — Pois é. Eu vou pra lá. Aparece lá.
>
> (Depoimento a Isabel Lustosa, em *Nássara*, p. 119)

Samuel Wainer recebera de Getúlio Vargas a missão de erguer um jornal de apoio ao governo. Por conta de um infrutífero encontro do presidente com a imprensa, no palácio Rio Negro, em Petrópolis, ao qual, do setor privado, só Wainer comparecera. Para romper o que este chamava de "conspiração do silêncio", nasceria *Última Hora*.

Na estreia, em 12 de junho de 1951, na primeira página, uma carta de Getúlio: "Meu caro amigo Samuel Wainer." Mais tarde, o jornalista ficaria um tanto decepcionado, ao saber que fora escrita por Lourival Fontes.

Quando *Última Hora* tornou-se um "jornal de massa" — era essa a encomenda de Vargas —, Wainer atribuiu esta conquista à criação de um segundo caderno que rompia com o monolítico projeto original de Andrès Guevara. Uma ideia de Nássara para aproveitar a quantidade de artigos produzidos e desprezados a cada edição.

Depois de se informar que Guevara cobrara 300 contos de réis por seu trabalho, o caricaturista convidou o dono para almoçar no restaurante do aeroporto Santos Dumont.

> — Olha, eu tenho uma saída para isso. Mas quero 70 contos para fazer.
>
> (Mesmo depoimento)

ENFIM! SÓ!, S/DATA

Samuel Wainer concordou. Encomendou a Nássara o novo projeto gráfico e entregou a edição do segundo caderno a Jean Etcheverry (pronuncia-se "Etchevér"), superintendente do jornal. No lugar do caderno único de doze páginas, sairiam dois de oito. No primeiro, impresso às 7h da manhã, as seções tradicionais de política, economia, assuntos internacionais; no segundo, rodado de madrugada, esportes, cultura e reivindicações populares.

Com o novo caderno, editado por Jean Etcheverry e paginado por Antonio Nássara, *Última Hora* conquistou a estima dos brasileiros e atingiu os objetivos do grupo político de Vargas. Ao mesmo tempo em que Nássara alcançou sua meta patrimonial: um imóvel de dois quartos, no edifício Itabel, na rua Belizário Távora, 305/203, em Laranjeiras. Adquirido com os 70 contos de réis do projeto.

Por trás deste comportamento empreendedor, incomum naquele distraído espírito boêmio, estava a graça de Iracema Neves Barbosa. A quem conhecera, em 1947, na Americana, casa de chá, sorvetes e sanduíches, na Cinelândia, perto do Hotel Serrador. Iracema, de beleza suave e alma delicada, primeiro casamento desfeito, morava em um quarto na rua Ipiranga. No mesmo bairro do apartamento que passaram a dividir para sempre, sem jamais oficializarem a união.

Quem não casa também quer casa.

51

"Viaje pelo mundo sem sair de casa", este era o título da página semanal de Antonio Nássara, em *Última Hora*. Seção em que desenhava histórias sobre países estrangeiros: Portugal, Espanha, França, Itália e Inglaterra. Até ser surpreendido por uma carta.

O governo britânico pedia sua demissão. Por considerar a página de péssimo humor. O império deixara-se perturbar, abdicara da lendária fleugma.

> — Confesso que, imediatamente, tremi. Porque podia ser o primeiro passo. [Viriam] sanções econômicas contra mim. Depois, podia partir, vamos dizer, o primeiro tiro...
>
> (Nássara, depoimento ao MIS-RJ, 12/02/1968)

Nássara contra a Inglaterra, assim poderia ser batizado o episódio. Um confronto para deixar Davi *versus* Golias no chinelo. Um prato feito para o sarcasmo do caricaturista carioca:

> — Eu, poder civil, desarmado, tentei logo uma aproximação com os amigos. Para comprar uma pequena frota de submarinos, a fim de poder enfrentar a esquadra inglesa...
>
> (Mesmo depoimento)

Nássara já se considerava "em condições de perder honrosamente", quando Samuel Wainer o chamou ao seu gabinete. Tinha lido a carta, revira a edição de "Viaje pelo mundo" e nada encontrara. Não haveria demissão.

A situação começava a ficar favorável para o Davi de São Cristóvão. Mas só na aparência. No íntimo, para valer, o que ele sentia era angústia.

O que Nássara fizera para despertar a raiva inglesa? Uma coisa muito simples: uma charge da Família Real. A rainha Elisabeth, os príncipes Philip e Charles, a pequenina princesa Anne, o ex-rei Eduardo e sua esposa, a plebeia Wallis Simpson.

> — Fiz uma homenagem ao "romance extraordinário". Talvez tenha sido isso. A inclusão do príncipe de Gales com a madame Simpson, entre a família.
>
> (Mesmo depoimento)

Eduardo VIII fora rei da Inglaterra, em 1936, durante alguns meses. Abdicara do trono para casar-se com Wallis Simpson, norte-americana divorciada. O serviço secreto britânico descobrira que ela, durante o namoro com o então príncipe de Gales, futuro rei, atuava no mercado paralelo. Mantinha um caso com um vendedor de automóveis, homem casado, *charming*, bom dançarino, chamado Guy Marcus Trundle.

Os ingleses não queriam madame Simpson como membro da família real, nem como piada. Uma pena: a guerra atingira o coração da Inglaterra. A pátria do *humour* perdera o humor.

A carta com o brasão — o leão, o unicórnio e o dístico "Dieu et mon droit" ("Deus e meu direito"), a divisa da monarquia — encontra-se no acervo particular de Antonio Nássara. Para futuras investigações.

52

Quando perdeu a guerra da surdez, Nássara depôs as armas. Abandonou os combates musicais. A diminuição da audição começara ainda na década de 1940: havia tempos, ele fingia que escutava para não aborrecer a si mesmo e aos outros.

> — Logo que comecei a ficar surdo, comecei a me sentir mal no negócio. E me afastei.
>
> (Nássara, depoimento a Carlos Didier, 18/04/1995)

Estava completamente mouco. Pedia para ouvir o que cantarolara no gravador, mas nem com fones e volume máximo percebia coisa alguma. Mesmo assim, não perdia a afinação. Sozinha, a surdez não o teria derrotado.

Entre 1931 e 1960, não há um ano sem uma gravação ou um lançamento de composição sua. No total, neste período, mais de duzentas. Ele deixara a frente de batalha porque era prudente em relação a dinheiro.

Em seu depoimento ao Museu da Imagem e do Som, confessa o principal motivo de seu afastamento do meio musical:

> — Há seguramente quinze anos, ou mais, que o negócio de Carnaval virou um empreendimento financeiro.
>
> (Nássara, depoimento ao MIS-RJ, 12/02/1968)

Um empreendimento financeiro do compositor.

> — Gasta-se na gravação, na divulgação, na esperança de recuperar o dinheiro na arrecadação.
>
> (Mesmo depoimento)

O entusiasmo artístico dera lugar ao espírito mercantil.

53

As coisas não mudaram de uma hora para outra. Durante a década de 1930, houve uma convivência de modelos. Coexistiram a espontaneidade boêmia e o profissionalismo empresarial.

O *Programa Casé*, no ar desde fevereiro de 1932, estava no primeiro caso. Ademar Casé possuía o tino comercial, sem deixar de ter sensibilidade artística. Procurava atender ao patrocinador. Programava Francisco Alves e Carmen Miranda, os preferidos dos anunciantes, sem negar espaço a Silvio Caldas, Luiz Barbosa, Custódio Mesquita, Nonô e Noel Rosa. Os cachês variavam e a música corria sem rédeas.

A mudança começou em agosto de 1933. Quando a Rádio Mayrink Veiga passou a produzir sua própria programação. Trouxe, de São Paulo para o Rio de Janeiro, o *speaker* César Ladeira, um ás na improvisação de anúncios e na sedução de ouvintes. E inseriu duas cláusulas nos contratos dos cantores: a exclusividade e o direito de interferência no repertório. Artista da Mayrink só se apresentaria na Mayrink. Além disso, os patrocinadores e a estação poderiam "sugerir" este ou aquele número musical, no gênero que parecesse melhor a ambos.

Sem pestanejar, toparam as novas regras e assinaram com a Mayrink: Carmen e Aurora Miranda, Luiz Barbosa, Jorge Fernandes e Gastão Formenti. Já Francisco Alves, Mario Reis, Lamartine Babo e Patrício Teixeira negaram-se a participar. Mais tarde, Francisco Alves assinaria por um ano com a estação. Mas não renovaria o contrato. Para produzir, em 1934, por conta própria, o *Programa Francisco Alves*, na Rádio Guanabara. O programa que revelou Orlando Silva.

Nem Francisco Alves, porém, conseguiria resistir. O capital, nem sempre nacional, por um lado, e o Estado brasileiro, por outro, tirariam, pouco a pouco, sempre mais e mais, o espaço da espontaneidade artística. O investimento financeiro dos compositores, ao qual Nássara se referia, se encaixava aí.

Francisco Alves, o maior cantor do Brasil, se valera desta condição para explorar comercialmente compositores pobres do bairro do Estácio de Sá. Ludibriara Ismael Silva, Bide e Nilton Bastos, mas não enganara o público. Divulgara o melhor. O novo padrão, do qual Milton de Oliveira era um símbolo, iludia os ouvintes. Vendia gato por lebre. Dava gorjetas a maestros para executarem suas músicas, comprava a boa vontade de pistonistas e trombonistas de blocos, alugava generosas transmissões radiofônicas. Mais tarde, os "desmaios de fãs", os "aplausos pagos" das claques. E a escolha popular espontânea (ou quase) seria coisa do passado.

54

Na década de 1930, Noel Rosa fora o padrão perseguido, o *non plus ultra* dos compositores. Ary Barroso confessara isso, à beira de seu túmulo: "Éramos colegas e rivais. Colegas porque estávamos no mesmo caminho e rivais porque éramos os garimpeiros do mesmo garimpo, em busca do mesmo brilhante, do mesmo diamante azul da glória."

Em tempo de Milton de Oliveira, quando execuções estavam à venda, quando as canções eram marteladas ouvido adentro, para que talento?

Em setembro de 1955, Ary Barroso, que viera como Antonio Nássara do fim da década de 1920, abordaria o tema em artigo dedicado ao samba, intitulado "Decadência", escrito para a *Revista da Música Popular*, de Lúcio Rangel. Em críticas rápidas e nervosas, traçaria um decálogo do declínio. Era o testemunho de um sobrevivente muito especial. Do criador de *Faceira*, *Malandro sofredor* e *Camisa amarela*.

Em dois dos tópicos, tocava diretamente na ferida. Quando falava do compositor:

> Antigamente o "compositor" não era compositor; era veículo sonoro de suas emoções. Então o samba saía à rua vestido de brasileiro, gingando como as "porta-estandartes" dos ranchos.
>
> (Ary Barroso, "Decadência", *Revista da Música Popular*, setembro de 1955)

Quando comentava o "empreendimento financeiro":

> Antigamente não havia parceria de cantores, empresários e "veículos". Então o cantor cantava: não impingia!
>
> (Mesma fonte)

O samba perdera em vigor rítmico, em inspiração melódica, em lapidação poética. Perdera em poder de contágio. Perdera em gostosura.

LÚCIO RANGEL, 1979

Quando a primeira invasão norte-americana acontecera, em 1923, com a moda das *jazz-bands*, encontrara o samba forte, cheio de seiva. E fora devidamente digerida. Já na segunda, depois da Segunda Guerra, o samba estava pálido, com a guarda baixa.

De um modo geral, com exceções cada vez mais raras, mediocrizara-se a canção brasileira. Em música de Carnaval, qualquer tolice servia como tema; o fácil ocupara o lugar do bom.

Nássara, no Museu da Imagem e do Som, deixou seu depoimento sobre o assunto:

> — Houve uma queda de qualidade, em troca da popularidade. A popularidade venceu. Por quê? Sendo um empreendimento comercial, ninguém quer perder dinheiro: "Ei, você aí, me dá um dinheiro aí..." Vai restringindo. "Eu vou me embora, já tá na hora. Oba, oba."
>
> (Nássara, depoimento ao MIS-RJ, 12/02/1968)

55

O depoimento de Antonio Nássara ao Museu da Imagem e do Som, em 12 de fevereiro de 1968, foi interrompido, aos 54 minutos, pela entrada de Almirante. O primeiro biógrafo de Noel Rosa, produtor radiofônico impecável, um dos principais cantores da história da música brasileira, vinha fazer uma recomendação.

> — Eu não estava ouvindo. De maneira que eu estou chegando nesse segundo e vou sair. Mas faça o favor de não esquecer que você fez o primeiro *jingle*. É, faz favor, hein. No *Programa Casé*.
>
> (Almirante, em depoimento de Nássara ao MIS-RJ, 12/02/1968)

Almirante estava de passagem pelo estúdio. Tinha seu próprio depoimento marcado em uma emissora de televisão:

> — Uma entrevista sobre "demônio".
>
> (Mesmo depoimento)

"Então, vá com Deus", disparou Nássara. O demônio em questão era o apresentador Flávio Cavalcanti.

> — O próprio Cavalcanti declarou que ia me arrebentar. Arrebentar significa bater. Não é verdade? Pois eu fui lá para ver se ele me batia. Pode gravar mesmo. Deixa gravar isto. Ouviu? Porque disse que ia me bater. Meu filho, então, fui lá. Ele é um covarde. Desculpe.
>
> (Mesmo depoimento)

A cena mostrava o espírito positivo em excesso, aguerrido mesmo, de Almirante. Na verdade, nenhum dos três — o entrevistado, Nássara; os entrevistadores, Marques Rebelo e Ricardo Cravo Albin — gostou da invasão do estúdio.

> — Foi o único sujeito com quem eu me aporrinhei. Um camarada sem o menor escrúpulo. Um camarada que não merece nada das condições que deram a ele. Pode estar certo disso.
>
> (Nássara, depoimento a Carlos Didier, 14/12/1994)

Tudo teria começado ainda no *Programa Casé*, em 1933. Quando Orestes Barbosa criara anúncios com humor, com estética inovadora, cinco décadas à frente.

> O Brasil foi descoberto em 1500.
> Bote mais 300 réis e compre uma cafeteira no Dragão.
>
> (Orestes Barbosa, depoimento gravado em 07/05/1964, acervo da família)

Orestes Barbosa tinha inventado propagandas que citavam personagens históricos: "Balzac dizia..."; "Voltaire afirmava..."; "O conselheiro Ruy Barbosa garantia...". Segundo Antonio

Nássara, Almirante, a essa altura a "eminência parda" do programa, implicou com o estilo publicitário e começou a "serrar". Orestes terminou por se demitir e o compositor-caricaturista reagiu:

> — Eu aí esculhambei o Almirante. Ele ficou meu inimigo mortal. Eu disse: "Isso é uma ignorância, Casé. O que o Orestes está fazendo é uma coisa formidável, porque dá uma cara nova ao programa. Em vez dele ficar só fazendo piada sobre o anúncio, ele enreda o anúncio todo em citações. Fica engraçadíssimo isso."
>
> (Nássara, depoimento a Carlos Didier, 14/12/1994)

O episódio no MIS, em 1968, comprovava que Almirante sabia quem era o autor do *jingle*. Palavra que pronunciava em português: "jingli". Uma história que, cinco anos antes, fizera parte da primeira edição de seu livro *No tempo de Noel Rosa*, no capítulo dedicado ao *Programa Casé*: "Nássara, o caricaturista, criou ali o primeiro anúncio cantado." Em 1977, a segunda edição alteraria a autoria: "Atuando como locutor, Antonio Nássara cantava improvisadamente, em ritmo de fado, quadrinha de Luiz Peixoto, possivelmente o primeiro anúncio musicado no estilo dos *jingles*." A atribuição a Luiz Peixoto da letra do *jingle* trouxe à tona passagens antigas, atualizou desentendimentos. E o caricaturista-compositor tornou-se o mais ácido crítico do historiador.

Certo dia, Nássara soube que Almirante teria, no MIS, retirado "sutilmente" de exposição uma caricatura sua de Orestes Barbosa. Depois de verificar que, de fato, o desenho fora arquivado, procurou o diretor da instituição.

> — Aí pedi a devolução do negócio. Mas, rispidamente até. A caricatura, depois, eu mandei até para São Paulo, para um negócio de museu. Agora, ela foi escondida pelo nosso "amigo".
>
> (Nássara, depoimento a Carlos Didier, 22/08/1992)

Colaborador de *O Pasquim*, Antonio Nássara tomou a decisão: "Vou dar uma porrada nesse safado." Deu. Mas a matéria, por artes do demônio, saiu truncada.

> — Nunca vi nada sair com tanto erro de revisão quanto a esculhambação que eu dei nele (riso). Palavra de honra, eu fico até rindo... Deu resultado. (...) E me lembro do final: "Este Almirante é repugnante. Rima e é verdade."
>
> (Mesmo depoimento)

"Vingativo" e "mesquinho" eram adjetivos que Antonio Nássara dedicava ao dono de um dos mais generosos acervos da música brasileira.

> — Em minha opinião, foi sempre um péssimo arquivista. Inclusive, partes de pianos, documentos, com aquele carimbo enorme, maior que o nome da música. O nome dele. Quer dizer, é um negócio, assim, que já devia ser barrado, não é? Porque um camarada que usa determinadas coisas como quem usa uma Cafiaspirina, só em uso próprio, já é uma pessoa de quem você deve desviar.
>
> (Nássara, depoimento a Carlos Didier, 22/08/1992)

Havia humor e implicância na zanga do desenhista. Em sua visão — e essa era uma interpretação original, somente sua —, a estreiteza de um dos mais sérios e respeitados historiadores de nossa cultura estava na cara, na testa.

Já o gênio de Nássara estava mesmo no desenho satírico. Seu talento só serenava quando mentalizava o traço. Quando descobria o amálgama de corpo e alma.

MARQUES REBELO, 1985

56

Por uma infalível eficiência do sistema produtivo, seu talento, no início da década de 1960, passara a dar sopa. Na entressafra, colaborara em *Última Hora* e *Mundo Ilustrado*. Desenhara caricaturas, com a magia de sempre, para o livro *Chão de estrelas*, de Orestes Barbosa. E só começou a sair da toca em 1968.

Neste ano, com o samba *O craque do tamborim*, em parceria com Luís Reis, defendido pela cantora Helena de Lima e pela orquestra do maestro Nelsinho, no estádio do Maracanãzinho, tirou o terceiro lugar no II Concurso de Músicas de Carnaval, promovido pela Secretaria de Turismo do Estado da Guanabara. Logo em seguida, gravou seu depoimento ao Museu da Imagem e do Som. Era o retorno ao palco. Era o fim do silêncio.

Feito um ou dois anos antes, Nássara nem mais se recordava de *O craque do tamborim*. Como Luís Reis inscrevera o samba no concurso sem avisar ao parceiro, quando este soube a música já passara na primeira seleção. Achava suficiente estar entre as 36. Tirar o terceiro lugar foi uma surpresa: "um negócio assim de fumar três cigarros."

De novo satisfeito com a vida, Antonio Nássara anunciou que preparava um livro sobre sua própria trajetória, com caricaturas e histórias. Já tinha até um título: *Passado a limpo*.

No estúdio do Museu da Imagem e do Som, a mudança no estado de espírito de Nássara não passou despercebida ao seu amigo Marques Rebelo.

> — Uma das coisas curiosas é a depressão que o Nássara tinha. De repente, ele floriu, expandiu, voltou a ficar alegre, venturoso.
>
> (Marques Rebelo, depoimento de Nássara ao MIS-RJ, 12/02/1968)

Na letra do samba vencedor havia algo de autobiográfico: "Eu sou um craque,/ Mas ninguém dá bola pra mim." Não dava. Antonio Nássara estava de volta. E em matéria de caricatura, permanecia no auge da forma.

PERCUSSÃO, 1944

57

Em Ipanema, Antonio Nássara estava muito mais para Lúcio Rangel do que para a patota d'*O Pasquim*. Jornalista da antiga, boêmio de raça, amante da música popular, coabitavam o Olimpo de Lúcio e o de Nássara algumas divindades: Pixinguinha e Noel Rosa, só para citar duas. Lúcio era tio de Sérgio Porto. Este, sim, um ponto de contato com o tabloide da ladeira Saint Roman.

Sérgio, como Moisés, aquele que conduziu o povo hebreu e não viu a terra prometida, foi condenado a apontar o caminho e a nao conhecer o jornal dos sonhos de sua geração. Depois de combater com humor os militares da Revolução de 1964, na série de livros do *Festival de besteira que assola o país*, e de fundar seu próprio semanário, *A Carapuça*, Sérgio Porto, como o personagem bíblico, morreu às vésperas. Foi uma espécie de profeta d'*O Pasquim*.

SÉRGIO PORTO, 1979

O Pasquim chegou às bancas em 1969. Fundado por Jaguar, Sérgio Cabral e Tarso de Castro, teve entre seus colaboradores Millôr, Claudius, Ziraldo, Luiz Carlos Maciel, Fortuna,

Ivan Lessa, Henfil e Paulo Francis. Apesar de possuir no time, sem dúvida, alguns admiradores, Nássara recebeu o convite de Millôr e Jaguar:

> — O Jaguar e o Millôr me deram uma colher de chá. De vez em quando, faço uma caricatura que estão publicando lá e tal.
>
> (Nássara, depoimento a S. Khoury, Rádio JB, 19/01/1974)

Jaguar, após trabalhar com Millôr na revista *Pif-Paf*, estivera perto de Nássara e Sérgio Porto na *Última Hora*. Já Millôr conhecera Nássara na Cinelândia, no final da década de 1930, quando ainda se chamava Milton e dava os primeiros passos em *O Cruzeiro*. A revista em que Nássara publicou, por dois anos, uma famosa página dupla em cores. Quando abandonou o posto, foi substituído por Millôr, que lançou a seção "Pif-Paf". A vida, às vezes, faz sentido.

Em 1972, Nássara já comparecia ao quartel-general d'*O Pasquim*. Como todos da casa, completamente avesso ao militarismo. E mereceu um "Retrato 3 x 4" de Millôr Fernandes:

> E hoje, quando sobe a ladeira Saint Roman pra vir ao *Pasquim*, a garotada do Pavãozinho canta "aquele mundo de zinco que é Mangueira", sabendo que Gabriel é o samba voltando.
>
> (Millôr, em "Retratos 3 x 4 de alguns amigos 6 x 9", 1972; em *Millôr definitivo*, p. 325)

Mundo de zinco foi uma parceria com Wilson Baptista. Outra iniciativa do grande sambista, a quem Nássara insistia de chamar de Moleque Wilson, talvez por conta de insistentes operações de venda de música. Foi ele que o procurou com uma ideia:

> Aquele mundo de zinco que é Mangueira
> Desperta com o apito do trem...

"E aí?", quis saber Nássara. "Bom, aí você entra." Ante o estranhamento do parceiro, rebateu: "Não é ótima a ideia?" Era, de fato. E o complemento nasceu sem dificuldades:

> Uma cabrocha, uma esteira,
> Um barracão de madeira,
> Qualquer malandro em Mangueira tem.
> (*Mundo de zinco*, de Nássara e Wilson Baptista, trecho)

Para Nássara, *O Pasquim* foi uma bênção. Uma bênção merecida. Pela oportunidade de pôr sua capacidade a serviço de uma causa justa: o humor contra a ditadura. Pela convivência com talentos jovens e enérgicos — em 1972, tinha 63 anos; Henfil, 28; Jaguar, Claudius e Ziraldo, 40; Fortuna, 41. E pelas divindades morenas, as flores belas de Ipanema, cuja graça benfazeja tornava menos árdua aquela batalha.

Para a patota, foi um privilégio.

58

A patota andava de calça curta, se tanto, quando Millôr Fernandes já convivia com Antonio Nássara. Numa boemia à base de conversas e passeios a pé, estimulada por um chope ou um café no Amarelinho. Sempre com a presença de Orestes Barbosa, vez por outra com a de Hélio, irmão de Millôr. Era na Cinelândia, entre 1939 e 1943.

> — Há aí uma saudade proustiana, você entende? As mulheres eram mais bonitas, mais bem-vestidas. Evidentemente, mais cuidadas. Havia uma *belle époque* local.
>
> (Millôr Fernandes, depoimento a Carlos Didier, 27/02/1993)

A vida para Millôr, no entanto, apenas começava a melhorar.

Nascera numa confortável classe média, no Méier, Zona Norte, quase subúrbio, filho de Francisco, espanhol, e de Maria, de origem italiana. Perdera o pai, engenheiro por formação, comerciante por profissão, com dois anos. A morte por intoxicação alimentar e o sumiço de documentos e dinheiro da loja — ele tinha uma casa de fotografia na rua Visconde de Inhaúma, além de outros negócios — fizeram correr na família a ideia de assassinato. Fantasia ou não, nada aparecera. A mãe, Millôr perdera com onze.

O BEIJO, S/DATA

Desse ponto em diante, o período sombrio; "dickensiano", como ele o batizaria. Quando havia menos bifes do que bocas, quando uma boca sem bife era a sua. Quando os quatro irmãos Viola Fernandes se dispersaram.

Em 1938, aos 15, morava em pensão, num casarão antigo da rua de São Pedro, mais tarde na de São José, no Centro. Acordava cedo e exercitava-se caminhando na avenida. No mar defronte ao obelisco, aprendia a nadar. Cursava Artes e Contabilidade no Liceu de Artes e Ofícios, em cujo prédio ficavam os cafés Nice e Belas-Artes, pontos de encontro de compositores e turfistas, de cantores e *bookmakers*. Para *O Cruzeiro*, entrou pelas mãos de um tio materno, Antonio Viola, chefe da gráfica. Era o princípio de sua carreira de jornalista.

Aos primeiros sinais de progresso, mudou-se para a rua das Marrecas, onde moravam outros dois artistas do traço: Alceu Pena e Augusto Rodrigues. Jogava sinuca no palácio Clube Bilhares, na rua do Passeio, apelidado de Partido Comunista pela sigla PCB, grande, no alto. No salão em cima do Café Indígena, dentro da Lapa, assistia ao irmão Hélio ("sempre foi um gênio de jogo") desafiar e vencer os malandros: perdendo por quarenta pontos, com a partida na bola cinco, dobrava ("de sacanagem") a aposta. E na base do arrisca a numerada, mata a da vez e encaçapa a bola-prêmio, fazia 46 e fechava o *score*.

Foi deste ângulo que Millôr Fernandes testemunhou a *belle époque* carioca. Entre a Cinelândia, o Passeio Público e a Lapa, para ele um só lugar, sedimentaram-se suas recordações proustianas. De Nássara, guardaria duas lembranças muito nítidas. A primeira, a elegância.

> — Elegantíssimo, o Nássara sempre foi elegantíssimo. Vestido da cabeça aos pés e de maneira primorosa. As duas pessoas mais elegantes da música popular que eu conheci foram Nássara e Evaldo Ruy.

> O irmão de Haroldo Barbosa era um crioulo inglês: nunca o sapato estaria sem brilhar.
>
> (Mesmo depoimento)

A segunda, o fino trato.

> — Na minha memória ficou uma impressão. Mas a memória da gente é um agente químico que vai mudando as coisas. A memória que me ficou foi de um tempo amável. Nássara, posteriormente, conservou todo este tipo de amabilidade. É um *gentleman*, um cara delicado.
>
> (Mesmo depoimento)

Três décadas depois, quando a patota d'*O Pasquim* passou a ter o privilégio de conviver com o caricaturista-compositor, os dois se tornaram parceiros em música. Nássara pôs uma melodia em cima de *Poesia de litígio conjugal alienígena* e gostava de cantarolar:

> O casal de javaneses
> Que mora pegado a mim
> Veio pra cá há três meses
> E vive brigando assim:
> Kesta, Resta, Rula, Krosta,
> Eperetecê!
> Katurmala! Aturkika!
> Ora, vai você!
>
> (*Poesia de litígio conjugal alienígena*,
> de Millôr e Nássara)

59

Millôr Fernandes definiu Antonio Nássara como o "Mondrian do *portrait-charge*". Para dimensionar a capacidade de abstração do brasileiro, citou o célebre pintor holandês. Porque compreendeu que ele possuía uma habilidade rara, quem sabe única, certamente genial, para o desenho.

Antonio Nássara foi grande em tempos maiúsculos. Sem nunca se importar muito com isso. O que o tornava ainda maior.

> — E [caricatura] é a minha profissão, mesmo, não posso negar. Música, eu fiz mais ou menos.
>
> (Nássara, em depoimento a Carlos Didier, 14/12/1994)

Fez música muito bem. Em desenho, contudo, tinha o toque do gênio. E esse talento exuberante terminou por se derramar sobre a composição. Nássara foi o *non plus ultra*, o Noel Rosa da caricatura brasileira.

EINSTEIN, S/DATA

> — Onde eu acho ele um gênio é no desenho. A caricatura dele não tem igual. Não

> tem por onde pegar. Porque você olha a caricatura do Nássara: como é que ele começou a desenhar aquilo? Quando você pega um caricaturista diferente, como é o Chico Caruso, aquilo parte de determinado realismo. O Nássara, não.
>
> (Millôr Fernandes, depoimento a Carlos Didier, 04/10/1999)

No dia a dia dos caricaturistas, o ponto de partida, com muita frequência, é uma fotografia. O desenho começa como um decalque da imagem; aos poucos, ganha as deformações que destacam o diferente, o estranho. Em Nássara, isso não acontece. Ou melhor, passou a não acontecer de um momento em diante.

> — Em 1928, 29, eu preferia fotografia. Agora, prefiro mais mentalizar: quando você já consegue ter a caricatura feita.
>
> (Nássara, depoimento a S. Khoury, Rádio JB, 19/01/1974)

A origem era a mentalização. Antes de colocar o lápis para trabalhar, ele arquitetava. Por trás da concepção, a análise da pessoa. Do físico e do espírito. Como ele mesmo indicou, ao elogiar o potencial de Noel Rosa: neste ofício é fundamental a capacidade de observação. Elementos da inclinação, da inteligência, da psicologia profunda e da história de vida necessariamente estariam presentes no corpo. Nássara partia dessa premissa. Descobria um ponto aqui e outro ali, no rosto, no jeito, que respondiam pela individualidade, que a sintetizavam. Ele se ocupava com a essência, capturava a alma do caricaturado. Decifrava em traços a personalidade. Seu gênio consistia nisso.

Uma comparação da primeira caricatura que Nássara fez de Noel Rosa, ainda em 1931, com outras posteriores mostra que sua análise evoluiu. Com o tempo, os olhos se abriram, a testa cresceu, a cabeça ficou parecida com uma lâmpada. Era a mudança de sua percepção sobre a singularidade de Noel.

Este método coloca a caricatura de Nássara em um plano artístico superior. O indivíduo está interpretado, não apenas desenhado. Representado, não em sua superfície, em sua profundidade.

> — Inúmeras vezes, repara só, você olha o negócio e não reconhece. Aí, a pessoa diz assim: "Esse é o Millôr." Aí, você diz: "Porra, mas é igualzinho." Não é verdade?
>
> (Millôr Fernandes, depoimento a Carlos Didier, 04/10/1999)

60

— Nássara, essa caricatura é do...
— Orlando Silva.
— É isso mesmo...

(Nássara, conversa com Carlos Didier,
24/09/1980)

O olhar mortiço e a boca angulosa, com algo de peixe no perfil. Nássara preferiu pôr por escrito: "É o Orlando Silva, o maior cantor do mundo." E me deu de presente.

Era 24 de setembro de 1980, data de nossa primeira conversa sobre Noel Rosa. Quando se esforçou para contar apenas coisas inéditas ou pouco exploradas: a história de *Positivismo*, o veneno de Orestes Barbosa e a resposta em versos de seu parceiro; a gênese de *Retiro da saudade*, colaboração do entrevistado com o poeta da Vila; o episódio do "Eu não gosto de comer sem beber", da mistura de cerveja e conhaque; a pista da autocaricatura *a guache*.

ORLANDO SILVA, 1980

Era um homem sensível. Reconhecia méritos alheios sem pestanejar. Era receptivo, generoso até: "Bom, tô dando tudo que eu posso, hein, capitão!" Possuía o raciocínio agudo e o dom da síntese: entregava as histórias prontas, com princípio, meio e fim.

Descemos juntos a escadaria, da rua Belizário Távora para a Professor Ortiz Monteiro, e pegamos o ônibus 184, Laranjeiras-Central, no ponto final. Ele ia para o Centro, em visita ao *Pasquim*. Na avenida Antônio Carlos, em frente à Assembleia, onde uma tropa militar estava formada, Nássara levantou-se, pôs os braços para fora da janela e deu uma banana para os soldados.

61

A autocaricatura a *guache* de Noel Rosa tornou-se um bordão de Nássara: "Como é, já encontrou?"; "Olha, vale a pena correr atrás"; "Estava no Sindicato dos Compositores". Como a sede do tal sindicato não mais existia, não havia uma pista para seguir.

Num almoço com o advogado Bruno Ferreira Gomes, para conversar sobre Wilson Baptista, seu amigo e biografado, este falou no sindicato. Disse que estava sem sede. Como o governo federal era dono de um sem-número de imóveis na antiga capital, Bruno sugerira que os compositores dessem ao presidente da República "aquele desenho de Noel Rosa que estava no cofre". Na esperança de ganharem um espaço.

Redigi uma carta ao general João Baptista de Figueiredo. Preferi deixá-la manuscrita, para dar maior autenticidade. Falei da pesquisa, da dica de Nássara e terminei assim: "Apelo ao espírito carioca do presidente."

Um mês depois, tocou o telefone: "Aqui é do Palácio do Planalto." O funcionário queria saber se eu não gostaria de uma cópia em *slide*, já que a autocaricatura poderia ser publicada — um argumento meu — na capa. Mais alguns dias e um carro chapa branca deixou o envelope em minha casa, com um bilhete do porta-voz Carlos Átila: "Por determinação do presidente da República..."

O desenho foi impresso na quarta capa de *Noel Rosa: uma biografia* e Millôr Fernandes, ao presentear biografado e biógrafos com uma crônica, incluiu uma tirada:

Na contracapa, ótima autocaricatura de Noel, da coleção do ex-presidente Figueiredo — ninguém é imperfeito.

(Millôr, "Um Noel nada rosa", *Jornal do Brasil*, 11/12/1990)

62

Em 1985, ano do espetáculo *Alá-la-ô*, topei com o caricaturista-compositor na entrada da Funarte. Uma satisfação e uma surpresa: Nássara se apoiava em uma bengala.

> — Pra que essa bengala?
> — É pra você perguntar pra quê.
>
> (Nássara, depoimento a Carlos Didier, 21/08/1985)

Certa tarde, na porta da Livraria São José, na rua do Carmo, fui testemunha de um namoro. Uma tentativa de sedução, na calçada defronte, quase na esquina do beco dos Barbeiros. Ele muito bem-vestido, dentro de um *blazer* cinzento; ela, uma morena quarenta anos mais nova, dois palmos mais alta. Sem jeito, me afastei para o fundo da loja. Não sem antes assistir sua mão retirar a carteira do bolso do paletó, negacear e sorridente recolocá-la no lugar. Não sem ver a pequena, que já ameaçava se distanciar, voltar atraída pelo velho malandro no papel de coroa otário.

A partir de 1983, quando nos tornáramos vizinhos de bairro, nos encontrávamos sempre. Na feira, na calçada, no ponto de ônibus. Alguns de seus depoimentos para a biografia de Orestes Barbosa foram colhidos dentro do 184. Num desses, ao comentar que Ossian, filho do poeta, tivera úlcera, falou um pouco de sua própria saúde:

> — Também estou com este problema. Mas não deixo ninguém me tocar. Acho que não vou permitir mais nem me cortarem as unhas... Meus olhos lacrimejavam. O médico me passou um colírio. Quando li a bula — minha atual literatura — vi que era para olhos secos. Agora, leio tudo.
>
> (Nássara, depoimento a Carlos Didier, 10/09/1996)

Quando me via entrar no ônibus, me chamava para sentar ao seu lado. Só uma vez isso não aconteceu. Era sexta-feira, 6 de dezembro de 1996.

Eu levava meu filho Francisco para o Colégio Bennett. Quando fiz menção de me encaminhar para seu banco, ele acenou para que eu permanecesse à distância. Sentei-me três bancos atrás, na outra fileira. Eu na esquerda, a do motorista; ele na direita, a da porta. Respeitei, sem entender. Ele se virou e fez um sinal de admiração pela altura de meu filho: "Um garotão."

Por conta de consertos na rua Conde de Baependi, o tráfego de veículos fora desviado para a Ipiranga. No momento de saltarmos, pela frente, na esquina da rua Esteves Júnior com a praça São Salvador, na calçada defronte à Escola Senador Corrêa, planejei uma saudação. Na porta, virei-me para Nássara, fiz uma reverência, bati com a mão direita no coração e ofereci a ele. Como quem envia um beijo. Já na calçada, antes do 184 arrancar, ele me lançou pela janela o mais triste olhar que tinha — o último que teve para mim. Morreu na quarta-feira seguinte. Em 11 de dezembro, dia do aniversário de Noel Rosa.

63

A morte de Nássara me chegou por telefone, no início da noite. Escrevi um cartão carinhoso para dona Iracema e enfrentei a ladeira da rua Belizário Távora. Quando interfonei, ela sugeriu que eu subisse. Indicou-me a poltrona e sentou no sofá.

— O Nássara morreu nessa poltrona em que o senhor está sentado.

(Iracema Neves Barbosa, depoimento a
Carlos Didier, 11/12/1996)

Dona Iracema só se referia ao marido pelo sobrenome. Não havia lugar para apelido, era Nássara. Segundo ela, ele morrera, na verdade, aos 87 anos. Pois nascera em 1909; não em 1910, como todos pensavam. Uma de suas irmãs alterara o registro, mas dona Iracema não sabia o motivo.

Havia algum tempo, Nássara sentia dor no braço esquerdo e pressão no peito. Atribuía a pressão a duas hérnias. Sofria de enfisema. O médico pedira um eletrocardiograma, mas ele escapava. Não possuía plano de saúde. Tinha medo da morte e mais ainda dos custos de uma internação.

Na segunda-feira, almoçou na cidade. Comida leve. Em casa, vomitou apenas água. De terça para quarta, passou uma noite muito agitada. Dona Iracema recomendava:

— Nássara, não levante tanto. Deite-se. Descanse.

(Mesmo depoimento)

A dureza da madrugada fez com que dona Iracema acordasse um pouco mais tarde: às 8h30. Só então notou que Nássara já havia se levantado. Encontrou-o na poltrona preferida, junto à porta do apartamento. Não quis perturbá-lo, mas percebeu seus lábios um pouco mais brancos. Às 10h, ele não mudava de posição, cabeça recostada, braços nos braços da poltrona. Tocou neles. Estavam frios. Chegou a imaginar que fosse uma queda de pressão. Suspendeu um e quando este caiu sem resistência reparou na boca entreaberta. Chamou o encarregado do prédio. Nássara morrera cedo. Antes de 8h30, por certo. Sem sofrimento. Pois, a qualquer chamado seu, dona Iracema, bem perto, no quarto do pequeno apartamento, teria acordado.

A *causa mortis* foi infarto. Nássara não quis se submeter a exames e tratamentos caros que consumiriam sua pequena poupança. Tinha preferido amparar a esposa com suas economias, em vez de entregá-las aos médicos.

O fim de vida na poltrona, contudo, trouxe aborrecimentos. Por suspeita de morte não natural, a viúva foi importunada com insinuações e perguntas indelicadas. Um episódio da série "A sagacidade da polícia carioca".

64

O velório aconteceu no Cemitério São Francisco Xavier, Capela C, na metade do dia seguinte. Na cabeça, um boné. No rosto, o aspecto de uma máscara de borracha. Nem sombra daquele miúdo e luminoso olhar cor de cinza.

Onze anos antes, decidira doar seus desenhos ao Museu Nacional de Belas-Artes. Num longo processo que tivera início quando, após produzir espetáculo, mostra e livro em homenagem ao caricaturista-compositor, a Funarte se vira com um acervo em mãos. Atrás de abrigo, Antonio Nássara fez contato com o museu, dirigido na época por Alcídio Mafra de Souza.

A doação — quanto mais longa, melhor — entrara para a agenda de Nássara. Toda quarta-feira, ele pegava o metrô no largo do Machado e descia na Cinelândia, para uma troca de ideias com a área técnica. Passava a tarde assim. Em companhia de seus novos admiradores, Pedro Martins Caldas Xexéo, vice-diretor e coordenador técnico, e Mônica Xexéo, futura diretora, que não perdiam o bate-papo. Com direito a refeição, uma vez por mês, sempre às quartas.

Antonio Nássara escolhera com cuidado o Museu Nacional de Belas-Artes como seu domicílio artístico definitivo. Como se sabe, naquele edifício, que acolhera um dia a faculdade de Arquitetura, ele se sentia em casa.

Havia método em sua distração boêmia. E sua vida, tanto quanto possível, cumprira um ciclo perfeito.

65

AUTOCARICATURA, S/DATA

Seu último aniversário fora festejado com um almoço no Lamas. Uma homenagem de seus amigos do traço: Millôr, Jaguar, Lula, Cássio Loredano, Chico Caruso. A um mês da morte, parecia com boa saúde. Como, de fato, não estava, aproveitou para fazer um discurso. Pediu um livro sobre a obra de Raul Pederneiras. Era o tributo a um mestre. Depois, agradeceu duas coisas. Primeiro, o convite para participar d'*O Pasquim*. Era o reconhecimento pela oportunidade aberta pela geração seguinte. Dirigiu o segundo agradecimento aos deuses. Pela ventura de ter ficado surdo e, assim, livre das "músicas modernas". Até no balanço final, ética e humor.

Em sua autocaricatura mais famosa, Antonio Nássara se retratou com uma faca enterrada na cabeça e um sorriso na boca. Como a caveira com um punhal cravado da crônica de Orestes Barbosa, publicada em *Bun-ban-ban*, sobre o assassinato de um marinheiro no morro: "Fizeram, anos depois, por ordem da polícia, a exumação do cadáver e o crânio, como um *ex-libris* futurista, lá está mostrando como a 'Favela' no crime é original."

Nesta autocaricatura, que sintetizava seu espírito, traçada em mais de uma ocasião, Nássara acrescentava sempre uma frase. Uma pitada de literatura e filosofia:

Só dói quando eu fico sério...

Fontes

Depoimentos

Antonio Nássara a Carlos Didier, em 24/09/1980, 21/08/1985, 15/09/1987, 22/08/1992, 14/12/1994, 02/01/1995, 18/04/1995, 02/11/1995, 27/12/1995, 25/02/1996, 10/09/1996, 26/09/1996

Antonio Nássara ao MIS-RJ, em 12/02/1968; entrevistadores: Marques Rebelo e Ricardo Cravo Albin.

Antonio Nássara a Moacyr Andrade, em 16/04/1975.

Antonio Nássara à Rádio JB, em 14/10/1980; entrevistadores: Luiz Carlos Saroldi e Nei Hamilton.

Antonio Nássara à Rádio JB, em 09/01/1974; entrevistador: Simon Khoury.

Armênio Mesquita Veiga a Carlos Didier e João Máximo, em 31/05/1983.

Fernando Pereira a Carlos Didier e João Máximo, em 22/01/1981.

Iracema Barbosa a Carlos Didier, em 11/12/1996.

Ivo Pereira dos Santos a Carlos Didier, em 08/03/1993.

José Antônio Nonato Duque Estrada de Barros a Carlos Didier, em 18/10/2008

Millôr Fernandes a Carlos Didier, em 04/10/1999.

Mônica Xexéo a Carlos Didier, em 30/07/2009.

Roberto Martins a Carlos Didier e João Máximo, em 22/02/1981

Orestes Barbosa em família, gravação em 07/05/1964.

Livros

Barbosa, Orestes. *Samba*, 2ª edição, Rio de Janeiro: Funarte, 1978.

Cabral, Sérgio. *ABC de Sérgio Cabral*, Rio de Janeiro: Codecri, 1979.

Camus, Albert. *Diário de viagem*, Rio de Janeiro: Record, 1997.

Casé, Rafael. *Programa Casé, o rádio começou aqui*, Rio de Janeiro: Mauad, 1995.

Castro, Ruy. *Ela é carioca*, São Paulo: Companhia das Letras, 1999.

Fernandes, Millôr. *Millôr definitivo*, 2ª edição, Porto Alegre: L&PM Editores, 1994.

Ferreira Gomes, Bruno. *Wilson Baptista e sua época*, Rio de Janeiro: Funarte, 1985.

Gérson, Brasil. *História das ruas do Rio*, Rio de Janeiro: Lacerda & Editores, 2000.

Giron, Luís Antônio. *Mario Reis, o fino do samba*, São Paulo: Editora 34, 2001.

Jota Efegê. *Figuras e coisas da música popular brasileira I*, Rio de Janeiro: Funarte, 1978.

______. *Figuras e coisas da música popular brasileira II*, Rio de Janeiro: Funarte, 1979.

______. *Figuras e coisas do Carnaval carioca*, Rio de Janeiro: Funarte, 1982

Loredano, Cássio. *Nássara desenhista*, Rio de Janeiro: Funarte, 1985.

______. *Guevara e Figueroa*, Rio de Janeiro: Funarte, 1988.

Lustosa, Isabel. *Nássara, o perfeito fazedor de artes*, Rio de Janeiro: Relume Dumará, 1999.

Rangel, Lúcio. *Samba, jazz e outras notas*, Rio de Janeiro: Agir, 2007.

Rangel, Lúcio; Moraes, Pérsio de. *Revista da música popular (setembro 1954-setembro 1956)*, Rio de Janeiro: Funarte/Bem-Te-Vi, 2006.

Vasconcelos, Ary. *Panorama da música popular brasileira*, São Paulo: Martins, 1964.

Periódicos

Barros, José Antônio Nonato Duque Estrada de. "Nas páginas da História, High Life Clube — baile em 07/09/1892", *Jornal do Brasil*, 01/09/2003.

______. "Nas páginas da História, Baile de Carnaval — High-Life em 05/02/1893", *Jornal do Brasil*, 06/02/2003.

Barroso, Ary. "Decadência", *Revista da Música Popular*, set./1955.

Bororó. "Estou muito 'sastisfeito', madama", *Revista da Música Popular*, jan./1955.

Broadcasting, *O Radical*, Rio, 11/06/1933, p. 10.

Fernandes, Millôr. "Um Noel nada rosa", *Jornal do Brasil*, 11/12/1990, Caderno B, p. 1.

Oliveira, Euclydes de. "Opinião dos Leitores: Ex-colega do Curso Superior de Preparatórios conta Nássara", *Jornal do Brasil*, 17/12/1996, p. 10.

Rádio, *A Hora*, Rio, 26/07/1933, p. 4; 01/08/1933, p. 4.

Theatros, *Crítica*, Rio de Janeiro, 15/08/1930, p. 7.

Internet

CPDOC, Fundação Getulio Vargas (www.cpdoc.fgv.br). Verbetes consultados em 03/11/2008: Aliança Liberal, Epitácio Pessoa, João Neves da Fontoura, Júlio Prestes.

Site Millôr (www.millor.com.br), ano X, número 485, maio de 2009. *Poesia de litígio conjugal alienígena.*

Acervo Nássara no Museu Nacional de Belas-Artes

CARICATURA DE CALIXTO CORDEIRO
Data: 1987 (c.)
Nanquim e lápis de cor sobre papel: 31,50 x 23,60cm
Assinatura: Nássara
Doação: Antanio Gabriel Nássara, 1990
Número acervo MNBA: 14073
Categoria: Desenho brasileiro

PORTINARI E DI CAVALCANTI
Sem data
Guache sobre eucatex: 46 x 55cm
Assinatura: Nássara
Doação: Iracema Neves Barbosa
Número acervo MNBA: 14662
Categoria: Desenho brasileiro

OI, ESSE COQUEIRO QUE DÁ COCO
Sem data
Guache sobre papel: 47,70 x 33cm
Sem assinatura
Doação: Antonio Gabriel Nássara, 1996
Número acervo MNBA: 14663
Categoria: Desenho brasileiro

CARICATURA DE MILLÔR FERNANDES
Sem data
Guache sobre papel colado em madeira: 46 x 55cm
Assinatura: Nássara
Doação: Iracema Neves Barbosa
Número acervo MNBA: 14665
Categoria: Desenho brasileiro

CARICATURA DE LUPICÍNIO RODRIGUES
Data: 1995 (c.)
Guache sobre papel colado em cartão: 23,40 x 32,20cm
Assinatura: Nássara
Doação: Antonio Gabriel Nássara, 1996
Número acervo MNBA: 14702
Categoria: Desenho brasileiro

UMA PESQUISA DIFÍCIL
Sem data
Nanquim sobre papel: 33,20 x 46,90cm
Assinatura: Nássara
Doação: Carlos Alberto Amorim

NÚMERO ACERVO MNBA: 14967
CATEGORIA: Desenho brasileiro

ECO RIO-92
DATA: 1992
Nanquim sobre papel: 43,60 x 33cm
ASSINATURA: Nássara
DOAÇÃO: Carlos Alberto Amorim
NÚMERO ACERVO MNBA: 14968
CATEGORIA: Desenho brasileiro

O PREÇO DA LIBERDADE (HISTORIETA)
SEM DATA
Nanquim sobre papel: 23,70 x 33cm
ASSINATURA: Nássara
DOAÇÃO: Carlos Alberto Amorim
NÚMERO ACERVO MNBA: 14969
CATEGORIA: Desenho brasileiro

CARICATURA DOS JORNALISTAS SÉRGIO PORTO E APORELLY
SEM DATA
Guache sobre papel colado em cartão: 32,80 x 36cm
ASSINATURA: Nássara
DOAÇÃO: Carlos Alberto Amorim
NÚMERO ACERVO MNBA: 14970
CATEGORIA: Desenho brasileiro

E SE HITLER CAÍSSE EM SUAS MÃOS
Ilustração para a revista *O Cruzeiro*
SEM DATA
Nanquim, grafite, lápis de cor, colagem sobre cartão: 50 x 70cm
ASSINATURA: caricatura de Nássara
DOAÇÃO: Iracema Neves Barbosa, 1998
NÚMERO ACERVO MNBA: 14975
CATEGORIA: Desenho brasileiro

SALA DE ESPERA
Ilustração para a revista *O Cruzeiro*
DATA: 1943 (c.)
Nanquim, guache e lápis de cor sobre papel: 50 x 70cm
SEM ASSINATURA
DOAÇÃO: Iracema Neves Barbosa, 1998
NÚMERO ACERVO MNBA: 14976
CATEGORIA: Desenho brasileiro

O CONVITE
Ilustração para o jornal *O Pasquim*
SEM DATA
Nanquim sobre papel: 23,50 x 31cm
ASSINATURA: Nássara
DOAÇÃO: Iracema Neves Barbosa
NÚMERO ACERVO MNBA: 14977
CATEGORIA: Desenho brasileiro

O BEIJO
Ilustração para o jornal *O Pasquim*
SEM DATA
Nanquim sobre papel: 23,50 x 31cm
ASSINATURA: Nássara

Doação: Iracema Neves Barbosa, 1998
Número acervo MNBA: 14978
Categoria: Desenho brasileiro

VOCÊ É UM AMOR
Sem data
Nanquim sobre papel: 23,50 x 31,20cm
Assinatura: Nássara
Doação: Iracema Neves Barbosa, 1998
Número acervo MNBA: 14979
Categoria: Desenho brasileiro

ENFIM! SÓ?
Sem data
Nanquim e guache sobre papel: 23,60 x 31,40cm
Assinatura: Nássara
Doação: Iracema Neves Barbosa, 1998
Número acervo MNBA: 14980
Categoria: Desenho brasileiro

FLAGRANTES EUROPEUS
Data: 1944
Nanquim e grafite sobre papel: 47,50 x 66cm
Assinatura: Nássara, 1944
Doação: Iracema Neves Barbosa, 1998
Número acervo MNBA: 14981
Categoria: Desenho brasileiro

A PIADA DO MOMENTO
Sem data
Nanquim e grafite sobre papel: 47,50 x 66cm
Sem assinatura
Doação: Iracema Neves Barbosa, 1998
Número acervo MNBA: 14982
Categoria: Desenho brasileiro

GAGARIN, NORDESTE E FUTEBOL
Ilustração para *O Mundo Ilustrado*
Sem data
Nanquim sobre papel: 49 x 34,30cm
Assinatura: Nássara
Doação: Iracema Neves Barbosa, 1998
Número acervo MNBA: 14983
Categoria: Desenho brasileiro

QUANDO A AGROPECUÁRIA É META PRIORITÁRIA...
Sem data
Nanquim sobre papel: 23,50 x 30cm
Assinatura: Nássara
Doação: Iracema Neves Barbosa
Número acervo MNBA: 14984
Categoria: Desenho brasileiro

QUANDO A AGROPECUÁRIA É META PRIORITÁRIA
Sem data
Nanquim sobre papel: 23,50 x 31,10cm
Assinatura: Nássara
Doação: Iracema Neves Barbosa
Número acervo MNBA: 14985
Categoria: Desenho brasileiro

INFLAÇÃO
Sem data
Nanquim sobre papel: 23,50 x 30,90cm
Assinatura: Nássara
Doação: Iracema Neves Barbosa
Número acervo MNBA: 14986
Categoria: Desenho brasileiro

ISTO DEU SAMBA
Sem data
Nanquim sobre papel: 23,50 x 30,70cm
Assinatura: Nássara
Doação: Iracema Neves Barbosa
Número acervo MNBA: 14987
Categoria: Desenho brasileiro

A MOSCA AZUL
Ilustração para a revista *FLAN*
Data: 1953
Nanquim, grafite, guache sobre papel: 48 x 32cm
Sem assinatura
Doação: Iracema Neves Barbosa, 1998
Número acervo MNBA: 14988
Categoria: Desenho brasileiro

2ª FRENTE
Ilustração para *O Cruzeiro*
Data: 1944
Nanquim e grafite sobre papel: 50 x 70cm
Assinatura: Nássara, 1944
Doação: Iracema Neves Barbosa
Número acervo MNBA: 14989
Categoria: Desenho brasileiro

MASCARADOS
Ilustração para *O Cruzeiro*
Data: 1943
Guache, lápis de cor e nanquim sobre papel: 50 x 70cm
Assinatura: Nássara, 1943
Doação: Iracema Neves Barbosa, 1998
Número acervo MNBA: 14990
Categoria: Desenho brasileiro

BOLETIM DE GUERRA
Ilustração para *O Cruzeiro*
Data: 1943/1944 (c.)
Nanquim, grafite e colagem sobre papel: 47,50 x 66cm
Sem assinatura
Doação: Iracema Neves Barbosa
Número acervo MNBA: 14991
Categoria: Desenho brasileiro

MARCHA DO TEMPO
Ilustração para *O Cruzeiro*
Data: 1943
Guache, lápis de cor e nanquim sobre cartão: 50 x 70cm
Sem assinatura
Doação: Iracema Neves Barbosa, 1998

Número acervo MNBA: 14992
Categoria: Desenho brasileiro

TUDO É RELATIVO
Ilustração para *O Cruzeiro*
Nanquim, grafite e guache sobre papel: 50 x 70cm
Assinatura: Nássara
Doação: Iracema Neves Barbosa
Número acervo MNBA: 14993
Categoria: Desenho brasileiro

CONTOS INFANTIS
Ilustração para *O Cruzeiro*
Data: 1943
Guache, nanquim, grafite sobre papel: 50 x 70cm
Assinatura: Nássara, 1943
Doação: Iracema Neves Barbosa, 1998
Número acervo MNBA: 14994
Categoria: Desenho brasileiro

RÁDIO
Ilustração para *O Cruzeiro*
Data: 1943/1944 (c.)
Nanquim, guache e grafite sobre papel: 50 x 70cm
Sem assinatura
Doação: Iracema Neves Barbosa
Número acervo MNBA: 14995
Categoria: Desenho brasileiro

CANTIGAS POPULARES
Ilustração para *O Cruzeiro*
Data: 1943
Nanquim, grafite, guache, lápis de cor e colagem sobre cartão: 47,20 x 66,50cm
Assinatura: Nássara, 1943
Doação: Iracema Neves Barbosa
Número acervo MNBA: 14996
Categoria: Desenho brasileiro

RÁDIO: CARICATURAS DE NÁSSARA
Dircinha e Linda Batista
(*O Cruzeiro*, 02/12/1944),
Araci de Almeida, Odete Amaral, Rosina Pagã e Carmen Costa
Nanquim sobre papel: 50 x 70cm
Sem assinatura
Doação: Iracema Neves Barbosa
Número acervo MNBA: 14997
Categoria: Desenho brasileiro

PREPARATIVOS DE INVASÃO
Ilustração para *O Cruzeiro*
Data: 1943
Nanquim, grafite sobre papel: 42 x 59,50cm
Assinatura: Nássara, Rio de Janeiro, 1943
Doação: Iracema Neves Barbosa, 1998
Número acervo MNBA: 14998
Categoria: Desenho brasileiro

GUERRA DE NERVOS
DATA: 1943
Nanquim, grafite e lápis de cor sobre papel: 45 x 66,20cm
ASSINATURA: Nássara, 1943
DOAÇÃO: Iracema Neves Barbosa, 1998
NÚMERO ACERVO MNBA: 14999
CATEGORIA: Desenho brasileiro

CARNAVAL E GUERRA
Ilustração para *O Cruzeiro*
DATA: 1943
Guache, nanquim e lápis de cor sobre papel: 50 x 70cm
ASSINATURA: Nássara, 1943
DOAÇÃO: Iracema Neves Barbosa, 1998
NÚMERO ACERVO MNBA: 15000
CATEGORIA: Desenho brasileiro

ESPORTES: A PESCA
SEM DATA
Nanquim sobre papel: 50 x 70cm
ASSINATURA: Nássara
DOAÇÃO: Iracema Neves Barbosa
NÚMERO ACERVO MNBA: 15001
CATEGORIA: Desenho brasileiro

TROCA DE PALAVRAS
DATA: 1943
Nanquim e lápis de cor sobre papel: 47,60 x 66cm
ASSINATURA: Nássara, 1943
DOAÇÃO: Iracema Neves Barbosa
NÚMERO ACERVO MNBA: 15002
CATEGORIA: Desenho brasileiro

A MARCHA DO TEMPO
Ilustração para *O Cruzeiro*
DATA: 1943
Guache, lápis de cor, nanquim sobre papel: 47,50 x 66,20cm
ASSINATURA: Nássara, Rio de Janeiro, 1943
DOAÇÃO: Iracema Neves Barbosa, 1998
NÚMERO ACERVO MNBA: 15003
CATEGORIA: Desenho brasileiro

ESTE MUNDO É UMA BOLA
Ilustração para *O Cruzeiro*
DATA: 1943 (c.)
Nanquim e guache, colagem sobre cartão: 50 x 70cm
SEM ASSINATURA
DOAÇÃO: Iracema Neves Barbosa, 1998
NÚMERO ACERVO MNBA: 15004
CATEGORIA: Desenho brasileiro

4 LIBERDADES ESSENCIAIS
Ilustração para *O Cruzeiro*
DATA: 1943
Nanquim, grafite sobre papel: 50 x 70cm
ASSINATURA: Nássara, Rio de Janeiro, 1943
DOAÇÃO: Iracema Neves Barbosa, 1998

NÚMERO ACERVO MNBA: 15005
CATEGORIA: Desenho brasileiro

PROVÉRBIOS ILUSTRADOS
Ilustração para *O Cruzeiro*
DATA: 1943 (c.)
Guache e nanquim sobre cartão: 50 x 70cm
ASSINATURA: Nássara, Rio de Janeiro, 1943
DOAÇÃO: Iracema Neves Barbosa
NÚMERO ACERVO MNBA: 15006
CATEGORIA: Desenho brasileiro

QUANDO VIER A PAZ
DATA: 1943
Guache, nanquim e lápis de cor sobre papel: 50 x 70cm
ASSINATURA: Nássara, 1943
DOAÇÃO: Iracema Neves Barbosa, 1998
NÚMERO ACERVO MNBA: 15007
CATEGORIA: Desenho brasileiro

ESTE MUNDO É UMA BOLA
Ilustração para *O Cruzeiro*
SEM DATA
Nanquim, grafite e guache sobre papel: 47,50 x 65,50cm
ASSINATURA: Nássara
DOAÇÃO: Iracema Neves Barbosa
NÚMERO ACERVO MNBA: 15008
CATEGORIA: Desenho brasileiro

ESTE MUNDO É UMA BOLA
DATA: 1944
Nanquim e guache sobre papel: 47,40 x 66cm
ASSINATURA: Nássara, 1944
DOAÇÃO: Iracema Neves Barbosa, esposa do artista
NÚMERO ACERVO MNBA: 15009
CATEGORIA: Desenho brasileiro

ESTE MUNDO É UMA BOLA...
SEM DATA
Nanquim, guache e grafite sobre cartão: 49 x 72cm
SEM ASSINATURA
DOAÇÃO: Iracema Neves Barbosa
NÚMERO ACERVO MNBA: 15010
CATEGORIA: Desenho brasileiro

ESTE MUNDO É UMA BOLA...
SEM DATA
Nanquim, guache e grafite sobre cartão: 50 x 70cm
ASSINATURA: Nássara
DOAÇÃO: Iracema Neves Barbosa
NÚMERO ACERVO MNBA: 15011
CATEGORIA: Desenho brasileiro

ESTE MUNDO É UMA BOLA — OS GREGOS ERAM ASSIM...
Ilustração para *O Cruzeiro*
DATA: 1944

Nanquim e guache sobre papel: 50 x 70cm
Assinatura: Nássara, Rio de Janeiro, 1944
Doação: Iracema Neves Barbosa, 1998
Número acervo MNBA: 15012
Categoria: Desenho brasileiro

NOVA ORDEM — A EUROPA OCUPADA PELO NAZISMO É UM MANANCIAL DE FLAGRANTES COMO ESTES...
Ilustração para *O Cruzeiro*
Data: 1943
Nanquim e grafite sobre papel: 44,90 x 55,20cm
Assinatura: Nássara, Rio de Janeiro, 1943
Doação: Iracema Neves Barbosa, 1998
Número acervo MNBA: 15013
Categoria: Desenho brasileiro

UM MUNDO MELHOR
Ilustração para *O Cruzeiro*
Data: 1944
Nanquim, guache e grafite sobre papel: 50 x 70cm
Assinatura: Nássara, 1944
Doação: Iracema Neves Barbosa
Número acervo MNBA: 15014
Categoria: Desenho brasileiro

EIS OS CULPADOS
Sem data
Nanquim e grafite sobre papel: 47,50 x 66cm
Assinatura: Nássara
Doação: Iracema Neves Barbosa
Número acervo MNBA: 15015
Categoria: Desenho brasileiro

A PIADA DO MOMENTO
Data: 1944
Nanquim e grafite sobre papel: 47,50 x 66cm
Assinatura: Nássara, 1944
Doação: Iracema Neves Barbosa
Número acervo MNBA: 15016
Categoria: Desenho brasileiro

ESTE MUNDO É UMA BOLA
Ilustração para *O Cruzeiro*
Data: 1943
Nanquim e grafite sobre papel: 64,80 x 42,50cm
Assinatura: Nássara
Doação: Iracema Neves Barbosa, 1998
Número acervo MNBA: 15017
Categoria: Desenho brasileiro

NOVA ORDEM
Ilustração para *O Cruzeiro*
Data: 1943
Nanquim, grafite, lápis de cor e colagem sobre papel: 50 x 70cm
Assinatura: Nássara, Rio de Janeiro, 1943
Doação: Iracema Neves Barbosa, 1998
Número acervo MNBA: 15018
Categoria: Desenho brasileiro

"57 BILHÕES PARA ÁGUA" — FANTÁSTICO
Sem data
Nanquim sobre papel: 46,30 x 32,60cm
Assinatura: Nássara
Doação: Iracema Neves Barbosa
Número acervo MNBA: 15019
Categoria: Desenho brasileiro

EINSTEIN
Sem data
Nanquim sobre papel: 31 x 23,60cm
Assinatura: Nássara
Doação: Iracema Neves Barbosa
Número acervo MNBA: 15020
Categoria: Desenho brasileiro

SÓ DÓI QUANDO EU FICO SÉRIO
Sem data
Nanquim e guache sobre papel:
31 x 23,60cm
Assinatura: Nássara
Doação: Iracema Neves Barbosa
Número acervo MNBA: 15021
Categoria: Desenho brasileiro

SEM TÍTULO
Sem data
Nanquim sobre papel: 30,10 x 21,70cm
Assinatura: Nássara
Doação: Iracema Neves Barbosa
Número acervo MNBA: 15022
Categoria: Desenho brasileiro

CARICATURA DO GENERAL JOÃO FIGUEIREDO
Sem data
Nanquim sobre papel: 30,90 x 23,60cm
Assinatura: Nássara
Doação: Iracema Neves Barbosa
Número acervo MNBA: 15023
Categoria: Desenho brasileiro

PAIS E FILHOS
Sem data
Nanquim sobre papel: 23,10 x 31cm
Assinatura: Nássara
Doação: Iracema Neves Barbosa
Número acervo MNBA: 15024
Categoria: Desenho brasileiro

PAIS E FILHOS
Sem data
Nanquim sobre papel: 23,60 x 31,10cm
Assinatura: Nássara
Doação: Iracema Neves Barbosa
Número acervo MNBA: 15025
Categoria: Desenho brasileiro

PAIS E FILHOS
Sem data
Nanquim sobre papel: 23,60 x 31,10cm
Assinatura: Nássara
Doação: Iracema Neves Barbosa
Número acervo MNBA: 15026
Categoria: Desenho brasileiro

PAIS E FILHOS
Sem data
Nanquim sobre papel: 23,10 x 31,10cm
Assinatura: Nássara
Doação: Iracema Neves Barbosa
Número acervo MNBA: 15027
Categoria: Desenho brasileiro

SEM TÍTULO
Sem data
Nanquim sobre papel:
23,60 x 30,60cm
Assinatura: Nássara
Doação: Iracema Neves Barbosa
Número acervo MNBA: 15028
Categoria: Desenho brasileiro

DIABINHO *VERSUS* CORAÇÕES
Sem data
Nanquim, aquarela e lápis de cor sobre papel:
22,50 x 30,60cm
Assinatura: Nássara
Doação: Iracema Neves Barbosa
Número acervo MNBA: 15029
Categoria: Desenho brasileiro

SALÁRIO = CUSTO DE VIDA
Sem data
Nanquim e colagem sobre papel:
23,50 x 30,10cm
Assinatura: Nássara
Doação: Iracema Neves Barbosa
Número acervo MNBA: 15030
Categoria: Desenho brasileiro

UMAS E OUTRAS
Sem data
Nanquim sobre papel colado em cartão:
23,40 x 30,80cm
Sem assinatura
Doação: Iracema Neves Barbosa
Número acervo MNBA: 15031
Categoria: Desenho brasileiro

OTIMISTA/PESSIMISTA
Sem data
Nanquim sobre papel: 31 x 23,50cm
Assinatura: Nássara
Doação: Iracema Neves Barbosa
Número acervo MNBA: 15032
Categoria: Desenho brasileiro

OTIMISTA/PESSIMISTA
Sem data
Nanquim sobre papel: 31 x 23,50cm
Assinatura: Nássara
Doação: Iracema Neves Barbosa
Número acervo MNBA: 15033
Categoria: Desenho brasileiro

PRISIONEIROS DA GARRAFA
Nanquim sobre papel: 31,10 x 23,60cm
Assinatura: N

Doação: Iracema Neves Barbosa
Número acervo MNBA: 15034
Categoria: Desenho brasileiro

PRISIONEIROS DA GARRAFA
Sem data
Nanquim sobre papel: 31 x 23,60cm
Assinatura: N
Doação: Iracema Neves Barbosa
Número acervo MNBA: 15035
Categoria: Desenho brasileiro

SEM TÍTULO
Sem data
Nanquim sobre papel: 19,80 x 25,10cm
Sem assinatura
Doação: Iracema Neves Barbosa
Número acervo MNBA: 15036
Categoria: Desenho brasileiro

SEM TÍTULO
Sem data
Nanquim sobre papel: 19,80 x 25,10cm
Sem assinatura
Doação: Iracema Neves Barbosa
Número acervo MNBA: 15037
Categoria: Desenho brasileiro

SEM TÍTULO
Sem data
Nanquim sobre papel: 19,70 x 25,10cm
Sem assinatura

Doação: Iracema Neves Barbosa
Número acervo MNBA: 15038
Categoria: Desenho brasileiro

SEM TÍTULO
Sem data
Nanquim sobre papel: 19,80 x 25,10cm
Sem assinatura
Doação: Iracema Neves Barbosa
Número acervo MNBA: 15039
Categoria: Desenho brasileiro

OTIMISTA/PESSIMISTA
Sem data
Nanquim sobre papel: 23,50 x 31cm
Assinatura: Nássara
Doação: Iracema Neves Barbosa
Número acervo MNBA: 15040
Categoria: Desenho brasileiro

A PROMESSA
Sem data
Nanquim sobre papel: 22,70 x 29,90cm
Assinatura: Nássara
Doação: Iracema Neves Barbosa
Número acervo MNBA: 15041
Categoria: Desenho brasileiro

CARICATURA DE BRIZOLA E JUREMA
Data: 1981/1982 (c.)
Nanquim sobre papel: 22,20 x 30cm
Assinatura: Nássara

Doação: Iracema Neves Barbosa
Número acervo MNBA: 15042
Categoria: Desenho brasileiro

FELIZ 1984
Data: 1983/1984
Nanquim sobre papel: 23 x 27,60cm
Assinatura: Nássara
Doação: Iracema Neves Barbosa
Número acervo MNBA: 15043
Categoria: Desenho brasileiro

VOLTA A NORMALIDADE
Ilustração para *O Cruzeiro*
Sem data
Nanquim sobre papel: 46,50 x 32,50cm
Assinatura: Nássara
Doação: Iracema Neves Barbosa
Número acervo MNBA: 15044
Categoria: Desenho brasileiro

PERSONALIDADES
Sem data
Nanquim e lápis de cor sobre papel: 15,90 x 42cm
Assinatura: N n N N N ne
Doação: Iracema Neves Barbosa
Número acervo MNBA: 15045
Categoria: Desenho brasileiro

Musicografia Nássara

Título: **A. M. E. I.**
Gênero: Marcha
Autoria: Antonio Nássara / Eratóstenes Frazão
Editora: Irmãos Vitale
Intérprete: Francisco Alves
Acompanhamento: Diabos do Céu
Gravadora | Disco | Matriz: Victor | 34.033-B | 80078-1
Gravação: 07/01/1936
Lançamento: fev./1936

Título: **ABDULA E ABDALA**
Gênero: Marcha
Autoria: Antonio Nássara / Valdemar de Abreu "Dunga"
Editora: Bandeirante
Intérprete: Anilza Leoni
Acompanhamento: Orquestra e coro
Gravadora | Disco | Matriz: Mocambo | 15.208-A | R-934
Lançamento: 1958

Título: **ACREDITE QUEM QUISER**
Gênero: Marcha
Autoria: Antonio Nássara / Eratóstenes Frazão
Editora: Mangione
Intérprete: Dircinha Batista
Acompanhamento: Orquestra Odeon sob direção de Simon Bountman
Gravadora | Disco | Matriz: Odeon | 11.828-A | 6296
Gravação: 07/12/1939
Lançamento: fev./1940

Título: **ADEUS ARACI**
Gênero: Samba
Autoria: Antonio Nássara / Haroldo Lobo
Editora: Irmãos Vitale
Intérprete: Carlos Galhardo
Acompanhamento: Regional
Gravadora | Disco | Matriz: Victor | 34.844-B | S-052394
Gravação: 10/10/1941
Lançamento: dez./1941

Título: **AI ADHEMAR**
Gênero: Sem informação
Autoria: Antonio Nássara / Eratóstenes Frazão
Editora: Fermata
Sem data
Fonte: UBC

Título: **AI QUE DOR**
Gênero: Batucada
Autoria: Antonio Nássara / Rubens Soares
Editora: Irmãos Vitale
Intérprete: Carlos Galhardo
Acompanhamento: Diabos do Céu
Gravadora | Disco | Matriz: Victor | 34.853-A | S-052403
Gravação: 31/10/1941
Lançamento: jan./1942

Título: **ALÁ-LA-Ô**
Gênero: Marcha
Autoria: Haroldo Lobo / Antonio Nássara
Editora: Irmãos Vitale
Intérprete: Carlos Galhardo
Acompanhamento: Orquestra
Gravadora | Disco | Matriz: Victor | 34.697-A | 52055
Gravação: 21/11/1940
Lançamento: jan./1941

Título: **ALEGRIA DE POBRE**
Gênero: Samba
Autoria: Valdemar de Abreu "Dunga" / Antonio Nássara
Editora: Cruzeiro
Intérprete: Odete Amaral
Acompanhamento: Orquestra
Gravadora | Disco | Matriz: Odeon | 13.767-B | Rio-10338
Gravação: 15/10/1954
Lançamento: nov./1954

Título: **ALELUIA**
Gênero: Marcha
Autoria: Haroldo Lobo / Antonio Nássara
Editora: Irmãos Vitale
Intérprete: Carlos Galhardo
Acompanhamento: Passos e sua orquestra
Gravadora | Disco | Matriz: Victor | 34.844-A | S-052389-2
Gravação: 15/10/1941
Lançamento: dez./1941

Título: **AMERICANA**
Gênero: Marcha
Autoria: Antonio Nássara / Marques Júnior / Roberto Roberti
Editora: Irmãos Vitale
1939
Fonte: UBC

Título: **ANASTÁCIO**
Gênero: Marcha
Autoria: Antonio Nássara / Jota Cascata
Editora: Irmãos Vitale
Intérprete: Marilu
Acompanhamento: La Falce e sua orquestra
Gravadora | Disco | Matriz: Victor | 34.824-A | S-052351
Gravação: 10/09/1941
Lançamento: nov./1941

Título: **ARCA DE NOÉ**
Gênero: Marcha
Autoria: Antonio Nássara / Sá Roriz
Editora: Irmãos Vitale
Intérprete: Almirante
Acompanhamento: Orquestra Odeon sob direção de Simon Bountman
Gravadora | Disco | Matriz: Odeon | 11.561-B | 5722
Gravação: 03/12/1937
Lançamento: fev./1938

Título: **BALZAQUIANA**
Gênero: Marcha
Autoria: Antonio Nássara / Wilson Baptista
Editora: Todamerica
Intérprete: Jorge Goulart
Acompanhamento: Severino Araújo e sua orquestra Tabajara
Gravadora | Disco | Matriz: Continental | 16.145-B | 2188
Gravação: 18/11/1949
Lançamento: jan./1950

Título: **BARBA-AZUL**
Gênero: Marcha
Autoria: Antonio Nássara / Roberto Martins
Editora: Fermata
Intérprete: Carlos Galhardo
Acompanhamento: Orquestra
Gravadora | Disco | Matriz: RCA Victor | 80-0721-A | S-092778
Gravação: 06/10/1950
Lançamento: dez./1950

Título: **BARBA CRESCEU, A**
Gênero: Marcha
Autoria: Antonio Nássara / Jota Cascata
Editora: Todamerica
Intérprete: Manoel de Nóbrega
Acompanhamento: Orquestra e coro
Gravadora | Disco | Matriz: Prestige | PE-2.501-B | PE-78-2502
1960 (c.)

Título: **BATALHA DE CONFETE**
Gênero: Marcha-rancho
Autoria: Antonio Nássara / Luís Reis
Editora: Todamerica
1969
Fonte: UBC

Título: **BATENDO MEU TAMBORIM**
Segundo UBC: **Batendo o meu tamborim**
Gênero: Samba
Autoria: Antonio Nássara / Afonso Guimarães "Afonsinho"
Editora: Irmãos Vitale
Intérprete: Carlos Galhardo
Acompanhamento: Conjunto Regional RCA Victor
Gravadora | Disco | Matriz: Victor | 34.278-A | 80633-1
Gravação: 15/12/1937
Lançamento: fev./1938

Título: **BATUQUE NA COZINHA**
Gênero: Marcha
Autoria: Antonio Nássara / Rubens Soares
Editora: Irmãos Vitale
Intérprete: Joel & Gaúcho
Acompanhamento: Grupo da Odeon
Gravadora | Disco | Matriz: Odeon | 11.518-B | 5619
Gravação: 08/07/1937
Lançamento: out./1937

Título: **BEIJA-FLOR**
Gênero: Marcha
Autoria: Antonio Nássara / Alberto Ribeiro
Editora: Irmãos Vitale
Intérprete: Coro Victor
Acompanhamento: Diabos do Céu
Gravadora | Disco | Matriz: Victor | 34.288-A | 80674-1
Gravação: 04/01/1938
Lançamento: fev./1938

Título: **BOA COMPANHEIRA**
Gênero: Samba
Autoria: Antonio Nássara / J. Baptista
Segundo UBC: João Batista de Oliveira (talvez, Wilson Baptista)
Editora: Todamerica
Intérprete: Ciro Monteiro
Acompanhamento: Regional
Gravadora | Disco | Matriz: Victor | 34.930-B | S-052500
Gravação: 23/04/1942
Lançamento: jun./1942

Título: **BOM PASTOR**
Gênero: Marcha
Autoria: Antonio Nássara / Haroldo Lobo

Editora: Irmãos Vitale
Intérprete: Dircinha Batista
Acompanhamento: Fon Fon e sua orquestra
Gravadora | Disco | Matriz: Odeon | 12.101-A | 6856
Gravação: 18/11/1941
Lançamento: jan./1942

Título: **BONITO PAPEL HEIN**
Gênero: Samba
Autoria: Antonio Nássara / Valdemar de Abreu "Dunga"
Editora: Irmãos Vitale
Intérprete: Ciro Monteiro
Acompanhamento: Conjunto
Gravadora | Disco | Matriz: Victor | 34.603-B | 33349-1
Gravação: 18/03/1940
Lançamento: mai./1940

Título: **BOROCOCHÔ**
Gênero: Marcha
Autoria: Antonio Nássara / Eratóstenes Frazão
Editora: Fermata
Intérprete: Linda Batista
Acompanhamento: Conjunto
Gravadora | Disco | Matriz: Victor | 80-0491-A | S-078635-1
Gravação: 29/10/1946
Lançamento: jan./1947

Título: **BOTA MAIS UM CHOPE**
Gênero: Marcha
Autoria: Antonio Nássara / Alcir Pires Vermelho
Editora: Peermusic
1968
Fonte: UBC

Título: **BRIGA DE MARIDO E MULHER**
Gênero: Batucada
Autoria: Antonio Nássara / Cristóvão de Alencar
Editora: Irmãos Vitale/Mangione
Intérprete: Dircinha Batista
Acompanhamento: Orquestra Odeon sob direção de Simon Bountman
Gravadora | Disco | Matriz: Odeon | 11.941-B | 6530
Gravação: 22/11/1940
Lançamento: jan./1941

Título: **CADÊ O TOUCINHO**
Gênero: Samba
Autoria: Antonio Nássara / Antonio Almeida
Editora: Irmãos Vitale
Intérprete: Luiz Barbosa
Acompanhamento: Reis do Ritmo
Gravadora | Disco | Matriz: Victor | 34.137-A | 80267-1
Gravação: 24/11/1936
Lançamento: jan./1937

Título: **CADÊNCIA**
Gênero: Marcha
Autoria: Antonio Nássara / Lamartine Babo
Editora: Irmãos Vitale
Intérprete: Francisco Alves
Acompanhamento: Diabos do Céu
Gravadora | Disco | Matriz: Victor | 34.024-A | 80067-1
Gravação: 23/12/1935
Lançamento: fev./1936

Título: **CAIXA ECONÔMICA**
Gênero: Samba
Autoria: Antonio Nássara / Orestes Barbosa
Editora: Irmãos Vitale
Intérprete: João Petra de Barros & Luiz Barbosa
Acompanhamento: Luiz Barbosa e Custódio Mesquita
Gravadora | Disco | Matriz: Victor | 33.701-B | 65819-2
Gravação: 25/07/1933
Lançamento: set./1933

Título: **CALMA NO BRASIL**
Gênero: Marcha
Autoria: Antonio Nássara / Eratóstenes Frazão
Editora: Irmãos Vitale / Mangione
Intérprete: Dircinha Batista
Acompanhamento: Orquestra Odeon sob direção de Simon Bountman
Gravadora | Disco | Matriz: Odeon | 11.868-A | 6378
Gravação: 20/05/1940
Lançamento: jul./1940

Título: **CANTO DA SEREIA, O**
Gênero: Samba
Autoria: Antonio Nássara / Cristóvão de Alencar
Editora: Irmãos Vitale
Intérprete: Murilo Caldas
Acompanhamento: Orquestra
Gravadora | Disco | Matriz: Victor | 34.538-B | 33247
Gravação: 27/10/1939
Lançamento: dez./1939

Título: **CANTO DO SABIÁ, O**
Gênero: Samba
Autoria: Antonio Nássara / Cristóvão de Alencar
Editora: Sem informação
1939
Fonte: EMB

Título: **CARAMURU**
Gênero: Marcha
Autoria: Antonio Nássara / Sá Roriz

EDITORA: Irmãos Vitale
INTÉRPRETE: Araci de Almeida
ACOMPANHAMENTO: Orquestra Victor Brasileira
GRAVADORA | DISCO | MATRIZ: Victor | 34.402-A | 80949-1
GRAVAÇÃO: 01/12/1938
LANÇAMENTO: jan./1939

TÍTULO: **CARNAVAL EM FAMÍLIA**
GÊNERO: Samba
AUTORIA: Cristóvão de Alencar / Antonio Nássara
EDITORA: Mangione
INTÉRPRETE: Cinara Rios
ACOMPANHAMENTO: Regional
GRAVADORA | DISCO | MATRIZ: Victor | 34.612-A | 33376-1
GRAVAÇÃO: 11/04/1940
LANÇAMENTO: jun./1940

TÍTULO: **CARNEIRINHO**
GÊNERO: Marcha
AUTORIA: Antonio Nássara
EDITORA: Irmãos Vitale
INTÉRPRETE: Francisco Alves
ACOMPANHAMENTO: Diabos do Céu sob direção de Pixinguinha
GRAVADORA | DISCO | MATRIZ: Victor | 33.786-A | 79637-1
GRAVAÇÃO: 07/05/1934
LANÇAMENTO: jun./1934

TÍTULO: **CHICO VIOLA**
GÊNERO: Samba
AUTORIA: Antonio Nássara / Wilson Baptista
EDITORA: Warner Chappell
INTÉRPRETE: Linda Batista & Trio Madrigal
ACOMPANHAMENTO: Orquestra e coro
GRAVADORA | DISCO | MATRIZ: RCA Victor | 80-1058-A | SB-093508
GRAVAÇÃO: 08/10/1952
LANÇAMENTO: dez./1952

TÍTULO: **CHIRIBIRIBI QUA-QUÁ**
ACOMPANHAMENTO: Marcha
AUTORIA: Antonio Nássara / Ary Barroso
EDITORA: Irmãos Vitale
INTÉRPRETE: Bando da Lua
GRAVADORA | DISCO | MATRIZ: Victor | 34.115-B | 80249-1
GRAVADORA: 23/11/1936
LANÇAMENTO: dez./1936

TÍTULO: **CIDADE DE SÃO SEBASTIÃO**
GÊNERO: Samba apoteose
AUTORIA: Antonio Nássara / Wilson Baptista
EDITORA: Irmãos Vitale
INTÉRPRETE: Francisco Alves
ACOMPANHAMENTO: Fon Fon e sua orquestra
GRAVADORA | DISCO | MATRIZ: Odeon | 12.028-A | 6710

Gravação: 10/07/1941
Lançamento: ago./1941
Gravadora | Disco | Matriz: Odeon | 12.950-B | 6710
Gravação: 10/07/1941
Lançamento: 1949

Título: **CINZEIRO DE ZAZÁ, O**
Segundo UBC: **Cinzeiro da Zazá**
Gênero: Marcha
Autoria: Antonio Nássara / Wilson Baptista
Editora: Fermata
Intérprete: Jorge Goulart
Acompanhamento: Severino Araújo e seu conjunto
Gravadora | Disco | Matriz: Continental | 16.685-A | C-2985
Gravação: 1952
Lançamento: jan./1953

Título: **COMO É SEU NOME?**
Autoria: Antonio Nássara / Cristóvão de Alencar
Editora: Irmãos Vitale
Sem data
Fonte: UBC

Título: **CORAÇÃO INGRATO**
Gênero: Marcha
Autoria: Antonio Nássara / Eratóstenes Frazão
Editora: Irmãos Vitale
Intérprete: Silvio Caldas
Acompanhamento: Orquestra Odeon
Gravadora | Disco | Matriz: Odeon | 11.178-A | 4946
Gravação: 14/11/1934
Lançamento: dez./1934

Título: **CRAQUE DO TAMBORIM, O**
Gênero: Samba
Autoria: Antonio Nássara / Luís Reis
Editora: Cruzeiro Musical
Intérprete: Helena de Lima
Acompanhamento: Orquestra, arranjo Nelsinho
Gravadora | Disco: Secretaria de Turismo do Estado da Guanabara CMC / 1-3
Gravação: 1968
Lançamento: 1968

Título: **CUIDADO COM ESSA MORENA**
Gênero: Marcha
Autoria: Cristóvão de Alencar / Antonio Nássara
Editora: Irmãos Vitale
Intérprete: Jaime Vogeler
Acompanhamento: Orquestra Odeon sob direção de Simon Bountman
Gravadora | Disco | Matriz: Odeon | 11.431-A | 5470
Gravação: 30/11/1936
Lançamento: jan./1937

TÍTULO: **DANÇA DOS COSSACOS, A**
GÊNERO: Sem informação
AUTORIA: Jota Cascata / Antonio Nássara
EDITORA: Copacor
SEM DATA
FONTE: UBC

TÍTULO: **DANÚBIO AZULOU, O**
GÊNERO: Marcha
AUTORIA: Antonio Nássara / Eratóstenes Frazão
EDITORA: Copacor / Irmãos Vitale
INTÉRPRETE: Joel & Gaúcho
ACOMPANHAMENTO: Fon Fon e sua orquestra
GRAVADORA | DISCO | MATRIZ: Odeon | 12.260-A | 7159
GRAVAÇÃO: 05/01/1943
LANÇAMENTO: fev./1943

TÍTULO: **DE PAPO CHEIO**
GÊNERO: Marcha
AUTORIA: Antonio Nássara / Roberto Martins
EDITORA: Irmãos Vitale / Mangione
INTÉRPRETE: Anjos do Inferno
GRAVADORA | DISCO | MATRIZ: Continental | 15.102-B | 680-2
LANÇAMENTO: jan./1944

TÍTULO: **DEPOIS DE TRINTA E CINCO (DEPOIS DE 35)**
GÊNERO: Marcha
AUTORIA: Antonio Nássara / Oswaldo dos Santos
EDITORA: Todamerica
INTÉRPRETE: Carlos Galhardo
ACOMPANHAMENTO: Orquestra
GRAVADORA | DISCO | MATRIZ: Victor | 80-0479-A | S-078609-1
GRAVAÇÃO: 23/09/1946
LANÇAMENTO: dez./1946

TÍTULO: **DEPOIS QUE VOCÊ ME DEIXOU**
GÊNERO: Marcha-rancho
AUTORIA: Jota Cascata / Antonio Nássara
EDITORA: Irmãos Vitale
INTÉRPRETE: Orlando Silva
ACOMPANHAMENTO: Orquestra
GRAVADORA | DISCO | MATRIZ: Victor | 34.681-A | 52019-1
GRAVAÇÃO: 09/10/1940
LANÇAMENTO: nov./1940

TÍTULO: **DESPREZO**
GÊNERO: Samba-canção
AUTORIA: Antonio Nássara / Osvaldinho
SEGUNDO UBC: Oswaldo dos Santos
EDITORA: Fermata
INTÉRPRETE: Carlos Galhardo
ACOMPANHAMENTO: Orquestra
GRAVADORA | DISCO | MATRIZ: RCA Victor | 80-1263-B | BE3-VB-0332

Gravação: 07/01/1954
Lançamento: abr./1954

Título: **DI CAVALCANTI IMORTAL**
Gênero: Marcha
Autoria: Antonio Nássara
1964-1968
Fonte: Depoimento de Nássara MIS, 12/02/1968

Título: **DIREITO DE PECAR**
Gênero: Samba
Autoria: Antonio Nássara / Eratóstenes Frazão
Editora: Irmãos Vitale / Mangione
Intérprete: Nilton Paz
Acompanhamento: Napoleão e sua orquestra
Gravadora | Disco | Matriz: Columbia | 55.225-A | 291-1
Gravação: 25/05/1940
Lançamento: jul./1940

Título: **DISSE UM POETA**
Gênero: Samba
Autoria: Antonio Nássara / Jota Cascata
Editora: Irmãos Vitale
Intérprete: Dircinha Batista
Acompanhamento: Orquestra Odeon sob direção de Simon Bountman
Gravadora | Disco | Matriz: Odeon | 11.689-B | 5978
Gravação: 24/11/1938
Lançamento: fev./1939

Título: **DOIS AMORES**
Gênero: Marcha
Autoria: Antonio Nássara / Alberto Ribeiro
Editora: Vitale/Mangione
Intérprete: Francisco Alves
Acompanhamento: Orquestra Odeon e coro
Gravadora | Disco | Matriz: Odeon | 11.087-A | 4769
Gravação: 18/12/1933
Lançamento: jan./fev./1934

Título: **DONA HELENA**
Gênero: Marcha
Autoria: Ary Barroso / Antonio Nássara
Editora: Irmãos Vitale / Mangione
Intérprete: Barbosa Jr.
Acompanhamento: Orquestra Odeon
Gravadora | Disco | Matriz: Odeon | 11.184-A | 4950
Gravação: 23/11/1934
Lançamento: jan./1935

Título: **DONO DO MEU AFETO**
Segundo UBC: **Dona do meu afeto**
Gênero: Marcha
Autoria: Antonio Nássara / Eratóstenes Frazão

Editora: Irmãos Vitale
Intérprete: Araci de Almeida
Acompanhamento: Conjunto Regional RCA Victor
Gravadora | Disco | Matriz: Victor | 34.242-A | 80588-1
Gravação: 12/08/1937
Lançamento: dez./1937

Título: **DUAS NEGATIVAS**
Gênero: Samba
Autoria: Antonio Nássara / Eratóstenes Frazão
Editora: Irmãos Vitale / Mangione
Intérprete: Orlando Silva
Acompanhamento: Orquestra Odeon sob direção de Lirio Panicali
Gravadora | Disco | Matriz: Odeon | 12.352-B | 7346
Gravação: 27/07/1943
Lançamento: set./1943

Título: **É FRIO OU QUENTE**
Gênero: Marcha
Autoria: Jota Cascata / Antonio Nássara
Editora: Cruzeiro Musical
Intérprete: Manoel de Nóbrega
Acompanhamento: Orquestra e coro
Gravadora | Disco | Matriz: Prestige | PE-2.501-A | PE-78-2501
Lançamento: 1960 (c.)

Título: **É O MAIOR**
Gênero: Marcha
Autoria: Antonio Nássara / Jota Cascata
Editora: Bandeirante
Intérprete: Trigêmeos Vocalistas
Acompanhamento: Orquestra e coro
Gravadora | Disco | Matriz: Sinter | 00-00.444-A | S-998
Lançamento: nov./dez./1955

Título: **É OU NÃO É**
Gênero: Marcha
Autoria: Antonio Nássara / Valdemar de Abreu "Dunga"
Editora: Todamerica
Intérprete: Carlos Galhardo
Acompanhamento: Orquestra
Gravadora | Disco | Matriz: Victor | 80-0490-B | S-078634-1
Gravação: 25/10/1946
Lançamento: jan./1947

Título: **É TUDO MEU**
Gênero: Samba
Autoria: Antonio Nássara / Wilson Baptista
Editora: Irmãos Vitale / Mangione
Intérprete: Anjos do Inferno
Gravadora | Disco | Matriz: Continental | 15.102-A | 681-1
Lançamento: jan./1944

Título: **ELA É BOA, MAS É MINHA**
Gênero: Batucada
Autoria: Ataufo Alves / Roberto Roberti / Arlindo Marques
Segundo UBC: Também de Antonio Nássara e Haroldo Lobo
Editora: Irmãos Vitale
Intérprete: Ataulfo Alves
Acompanhamento: Sua Academia e conjunto Odeon
Gravadora | Disco | Matriz: Odeon | 12.172-B | 6947
Gravação: 17/04/1942
Lançamento: jul./1942

Título: **ELE GOSTA**
Gênero: Marcha
Autoria: Antonio Nássara / Valdemar de Abreu "Dunga"
Editora: Irmãos Vitale
Intérprete: Odete Amaral
Acompanhamento: Orquestra
Gravadora | Disco | Matriz: Victor | 80-0481-A | S-078613-1
Gravação: 25/10/1946
Lançamento: dez./1946

Título: **ENSAIO GERAL**
Gênero: Samba
Autoria: Valdemar de Abreu "Dunga" / Antonio Nássara
Editora: Todamerica
Intérprete: Zezinho
Acompanhamento: Osvaldo Borba e sua orquestra e coro
Gravadora | Disco | Matriz: Odeon | 13.975-B | Rio-10868
Gravação: 02/12/1955
Lançamento: fev./1956

Título: **ESPANHOLA DIFERENTE**
Gênero: Marcha
Autoria: Antonio Nássara / Peterpan
Editora: Todamerica
Intérprete: Ruy Rey
Acompanhamento: Severino Araújo e sua orquestra Tabajara
Gravadora | Disco | Matriz: Continental | 15.974-A | 1978
Gravação: 08/10/1948
Lançamento: jan./1949

Título: **ETA, SEU CHICO BARBOSA**
Gênero: Marcha
Autoria: Antonio Nássara

1964-1968
FONTE: Depoimento Nássara MIS, 12/02/1968

TÍTULO: **EU AGORA VOU GRITAR**
GÊNERO: Marcha
AUTORIA: Cristóvão de Alencar / Antonio Nássara
EDITORA: Irmãos Vitale
INTÉRPRETE: Silvio Caldas
ACOMPANHAMENTO: Grupo da Odeon sob direção de Simon Bountman
GRAVADORA | DISCO | MATRIZ: Odeon | 11.448-A | 5484
GRAVAÇÃO: 08/12/1936
LANÇAMENTO: jan./1937

TÍTULO: **EU PEÇO E VOCÊ NÃO DÁ**
GÊNERO: Marcha
AUTORIA: Antonio Nássara / Antonio Almeida
EDITORA: Irmãos Vitale / Mangione
INTÉRPRETE: Luiz Barbosa
ACOMPANHAMENTO: Reis do Ritmo
GRAVADORA | DISCO | MATRIZ: Victor | 34.137-B | 80266-1
GRAVAÇÃO: 24/11/1936
LANÇAMENTO: jan./1937

TÍTULO: **EU QUERO VER QUEBRAR**
GÊNERO: Marcha
AUTORIA: Antonio Nássara / Castro Barbosa
EDITORA: Irmãos Vitale / Mangione
INTÉRPRETE: Joel & Gaúcho
ACOMPANHAMENTO: Orquestra Odeon sob direção de Simon Bountman
GRAVADORA | DISCO | MATRIZ: Odeon | 11.423-A | 5427
GRAVAÇÃO: 27/10/1936
LANÇAMENTO: jan./1937

TÍTULO: **EU VI VOCÊ CHORANDO**
GÊNERO: Samba
AUTORIA: Cristóvão de Alencar / Antonio Nássara
EDITORA: Irmãos Vitale
INTÉRPRETE: Almirante
ACOMPANHAMENTO: Orquestra Copacabana
GRAVADORA | DISCO | MATRIZ: Odeon | 11.023-A | 4681
GRAVAÇÃO: 26/05/1933
LANÇAMENTO: jun./1933

TÍTULO: **EU VOU-ME EMBORA**
AUTORIA: Antonio Nássara / Ary Barroso
EDITORA: Irmãos Vitale
SEM DATA
FONTE: UBC

TÍTULO: **FAÇA O MESMO**
GÊNERO: Samba-choro
AUTORIA: Eratóstenes Frazão / Antonio Nássara

Intérprete: Emilinha Borba
Acompanhamento: Benedito Lacerda e seu conjunto Regional
Gravadora | Disco | Matriz: Columbia | 55.048-A | 145-1
Gravação: 02/03/1939
Lançamento: mai./1939

Título: **FALTE TUDO**
Segundo UBC: **Falta tudo**
Gênero: Marcha-frevo
Autoria: Antonio Nássara / Eratóstenes Frazão
Editora: Irmãos Vitale / Mangione
Intérprete: Orlando Silva
Acompanhamento: Orquestra Odeon sob direção de Lírio Panicali
Gravadora | Disco | Matriz: Odeon | 12.417-A | 7464
Gravação: 27/12/1943
Lançamento: fev./1944

Título: **FAVORITA DO SULTÃO**
Gênero: Marcha
Autoria: Antonio Nássara / José Batista
Segundo UBC: José Batista da Costa
Editora: Copacor
Intérprete: Déo
Acompanhamento: Severino Araújo e sua orquestra Tabajara
Gravadora | Disco | Matriz: Continental | 15.976-B | 1971
Gravação: 06/10/1948
Lançamento: jan./1949

Título: **FIM DE ROMANCE**
Gênero: Bolero
Autoria: Antonio Nássara / Mario Lago
Intérprete: João Dias
Acompanhamento: Orquestra
Gravadora | Disco | Matriz: Copacabana | 5.468-B | M-1242
Lançamento: ago./set./1955

Título: **FLAUTA DE BAMBU**
Gênero: Marcha
Autoria: Antonio Nássara / Sá Roriz
Editora: Irmãos Vitale
Intérprete: Jararaca
Acompanhamento: Orquestra Odeon sob direção de Simon Bountman
Gravadora | Disco | Matriz: Odeon | 11.691-A | 5979
Gravação: 29/11/1938
Lançamento: fev./1939

Título: **FLORISBELA**
Gênero: Marcha
Autoria: Antonio Nássara / Eratóstenes Frazão

Editora: Irmãos Vitale
Intérprete: Silvio Caldas
Acompanhamento: Orquestra Victor Brasileira
Gravadora | Disco | Matriz: Victor | 34.387-B | 80929-2
Gravação: 07/11/1938
Lançamento: dez./1938

Título: **FOI MILAGRE**
Gênero: Samba
Autoria: Wilson Baptista / Antonio Nássara
Editora: Fermata
Intérprete: Francisco Carlos
Acompanhamento: Regional
Gravadora | Disco | Matriz: RCA Victor | 80-0826-A | S-093019
Gravação: 07/08/1951
Lançamento: out./1951

Título: **FORMOSA**
Gênero: Marcha
Autoria: Antonio Nássara / J. Ruy
Editora: Mangione
Intérpretes: Francisco Alves & Mario Reis
Acompanhamento: Orquestra Odeon
Gravadora | Disco | Matriz: Odeon | 10.957-A | 4560-3
Gravação: 22/12/1932
Lançamento: jan./fev./1933

Intérprete: Francisco Alves & Mario Reis
Acompanhamento: Orquestra Odeon
Gravadora | Disco | Matriz: Odeon | 10.957-A | 4560-1
Gravação: 22/12/1932
Lançamento: jan./fev./1933

Título: **FORROBODÓ, O**
Gênero: Marcha
Autoria: Nássara / Cristóvão de Alencar
Editora: Irmãos Vitale
Intérprete: Dircinha Batista
Acompanhamento: Orquestra Odeon sob direção de Simon Bountman
Gravadora | Disco | Matriz: Odeon | 11.941-A | 6529
Gravação: 22/11/1940
Lançamento: jan./1941

Título: **FURACÃO**
Gênero: Marcha
Autoria: Antonio Nássara / Haroldo Lobo
Editora: Irmãos Vitale
Intérprete: Araci de Almeida
Acompanhamento: Orquestra
Gravadora | Disco | Matriz: Victor | 34.709-A | 52087
Gravação: 20/12/1940
Lançamento: fev./1941

Título: **FUTURO DO JUQUINHA, O**
Gênero: Choro
Autoria: Antonio Nássara / Valdemar de Abreu "Dunga"
Editora: Irmãos Vitale
Intérprete: Mayu Atty
Acompanhamento: Benedito Lacerda e seu conjunto Regional
Gravadora | Disco | Matriz: Columbia | 55.441-B | 637
Lançamento: jun./1943

Título: **GAROTA COLOSSAL (MEU HINO NACIONAL)**
Gênero: Marcha
Autoria: Antonio Nássara / Ary Barroso
Editora: Irmãos Vitale
Intérprete: Francisco Alves
Acompanhamento: Diabos do Céu sob direção de Pixinguinha
Gravadora | Disco | Matriz: Victor | 33.883-A | 79736-1
Gravação: 16/10/1934
Lançamento: jan./1935

Título: **GAROTA TRAVESSA**
Gênero: Marcha
Autoria: Jair Amorim / Antonio Nássara
Editora: Sony / Ricordi
Intérprete: Carequinha
Acompanhamento: Conjunto e coro
Gravadora | Disco | Matriz: Copacabana | 6.080 | M-2582
Lançamento: dez./1959

Título: **GENERAL GENERAL**
Gênero: Marcha
Autoria: Antonio Nássara / Eratóstenes Frazão
Editora: Fermata
Intérprete: Carlos Galhardo
Acompanhamento: Orquestra
Gravadora | Disco | Matriz: Victor | 80-0490-A | S-078633-1
Gravação: 25/10/1946
Lançamento: jan./1947

Título: **GRAÇAS A DEUS**
Gênero: Samba-canção
Autoria: Osvaldinho / Antonio Nássara
Segundo UBC: Oswaldo dos Santos
Editora: Leblon Musical
Intérprete: Carlos Galhardo
Acompanhamento: Orquestra
Gravadora | Disco | Matriz: RCA Victor | 80-1371-B | BE4-VB-0532
Gravação: 05/08/1954
Lançamento: nov./1954

Título: **GREGOS ERAM ASSIM, OS**
Gênero: Marcha
Autoria: Antonio Nássara / Alberto Ribeiro
Editora: Irmãos Vitale
Intérprete: Déo
Acompanhamento: Severino Araújo e sua orquestra Tabajara
Gravadora | Disco | Matriz: Continental | 16.337-A | 2480
Gravação: 25/10/1950
Lançamento: jan./1951

Título: **HISTÓRIA ANTIGA**
Gênero: Marcha
Autoria: Jota Cascata / Antonio Nássara
Editora: Irmãos Vitale / Mangione
Intérprete: Orlando Silva
Acompanhamento: Orquestra Victor Brasileira
Gravadora | Disco | Matriz: Victor | 34.399-B | 80951-1
Gravação: 01/12/1938
Lançamento: jan./1939

Título: **HISTÓRIA DA FAVELA**
Gênero: Samba
Autoria: Antonio Nássara / Wilson Baptista
Editora: Fermata
Intérprete: Jorge Goulart
Acompanhamento: Severino Araújo e seu conjunto
Gravadora | Disco | Matriz: Continental | 16.685-B | C-2986
Gravação: 1952
Lançamento: jan./1953

Título: **JÁ JUREI**
Gênero: Samba
Autoria: Antonio Nássara / Rubens Soares
Intérprete: Araci de Almeida
Acompanhamento: Regional
Gravadora | Disco | Matriz: Victor | 34.456-B | 33008-1
Gravação: 08/03/1939
Lançamento: jul./1939

Título: **JÁ PASSAVA DAS ONZE**
Gênero: Samba
Autoria: Antonio Nássara / Haroldo Lobo
Editora: Irmãos Vitale
Intérprete: Francisco Alves
Acompanhamento: Fon Fon e sua orquestra
Gravadora | Disco | Matriz: Odeon | 12.077-B | 6822
Gravação: 28/10/1941
Lançamento: dez./1941

Título: **JARDIM DA INFÂNCIA**
Gênero: Marcha
Autoria: Antonio Nássara / Cristóvão de Alencar
Editora: Irmãos Vitale
Intérprete: Orlando Silva
Acompanhamento: Orquestra
Gravadora | Disco | Matriz: Victor | 34.545-A | 33251-1
Gravação: 04/11/1939
Lançamento: jan./1940

Título: **JINGLE: BRAGANÇA**
Autoria: Antonio Nássara
1932
Fonte: Depoimento de Nássara a Carlos Didier, 15/07/1987

Título: **JINGLE: JORNADA**
Autoria: Antonio Nássara
1932
Fonte: Depoimento de Antonio Nássara a Carlos Didier, 22/08/1992

Título: **JINGLE: O CAMISEIRO**
Autoria: Antonio Nássara
1933
Fonte: Depoimento de Antonio Nássara a Carlos Didier, 02/11/1995

Título: **JOÃO POUCA ROUPA**
Gênero: Marcha
Autoria: Antonio Nássara / Ataulfo Alves / Arlindo Marques Jr. / Roberto Roberti / Haroldo Lobo
Editora: Irmãos Vitale
1942
Fonte: UBC

Título: **JUREI**
Gênero: Samba
Autoria: Antonio Nássara / Valdemar de Abreu "Dunga"
Editora: Fermata
Intérprete: Emilinha Borba
Acompanhamento: Abel e seu conjunto
Gravadora | Disco | Matriz: Continental | 16.295-B | 2417
Gravação: 1950
Lançamento: set./out./1950

Título: **LAVADEIRAS, AS**
Gênero: Marcha
Autoria: Orestes Barbosa / Antonio Nássara
Intérprete: Orestes Barbosa & Antonio Nássara
Acompanhamento: Orquestra Columbia
Gravadora | Disco | Matriz: Columbia | 22.196-B | 381452
Lançamento: 1933

Título: **LENDA DO PASTOR, A**
Gênero: Valsa
Autoria: Antonio Nássara / David Nasser
Editora: Irmãos Vitale
Intérprete: Nilton Teixeira
Acompanhamento: Orquestra Odeon sob direção de Simon Bountman
Gravadora | Disco | Matriz: Odeon | 11.984-B | 6598
Gravação: 28/03/1941
Lançamento: mai./1941

Título: **LINDA BRINCADEIRA**
Gênero: Marcha
Autoria: Jair Amorim / Antonio Nássara
Editora: Cruzeiro
Intérprete: Joel de Almeida
Acompanhamento: Orquestra e coro
Gravadora | Disco | Matriz: Polydor | 336-A | POL. 3745
Gravação: 14/10/1959
Lançamento: 1959

Título: **LINDA SUBURBANA**
Gênero: Marcha
Autoria: Jota Cascata / Antonio Nássara
Editora: Todamerica
Intérprete: Jorge Goulart
Acompanhamento: Orquestra
Gravadora | Disco | Matriz: Todamerica | TA-5.729-A | TA-100103
Gravação: 26/09/1957
Lançamento: 1957

Título: **LUA INDISCRETA**
Gênero: Marcha
Autoria: Antonio Nássara / Cristóvão de Alencar
Editora: Irmãos Vitale
Intérprete: Araci de Almeida
Acompanhamento: Reis do Ritmo
Gravadora | Disco | Matriz: Victor | 34.134-B | 80290-1
Gravação: 07/12/1936
Lançamento: jan./1937

Título: **MAIS BONITA DO BRASIL, A**
Autoria: Antonio Nássara
Editora: Irmãos Vitale
Sem data
Fonte: UBC

Título: **MAL DE FOME**
Autoria: Chanson Richard Whiting / Newell Chase / Léo Robin / Cristóvão de Alencar / Antonio Nássara
Paródia de *Mon ideal*
Sucesso de Maurice Chevalier
Intérprete: Luiz Antonio (Antonio Nássara)

Acompanhamento: Henrique Vogeler (piano)
Gravadora | Disco | Matriz: Parlophon | 13.358-B | 131258
Lançamento: 1931

Título: **MARCHA DO CAPACHO**
Gênero: Marcha
Autoria: Valdemar de Abreu "Dunga" / Antonio Nássara
Editora: Fermata
Intérprete: Zé Trindade
Gravadora | Disco | Matriz: Columbia | CB-10.310-A | CBO-889
Lançamento: jan./1957

Título: **MARCHA DO LENHADOR**
Autoria: Antonio Nássara / Roberto Martins
Editora: Irmãos Vitale
Sem data
Fonte: UBC

Título: **MARCHA DO PIÃO**
Gênero: Marcha
Autoria: Antonio Nássara / Wilson Baptista / Jorge de Castro
Editora: J. Loureiro (ed.)
Intérprete: Mara Silva
Acompanhamento: Orquestra
Gravadora | Disco | Matriz: RGE | 10.079-A | RGO-382
Lançamento: jan./1958

Título: **MARCHA DO SOLUÇO**
Gênero: Marcha
Autoria: Valdemar de Abreu "Dunga" / Antonio Nássara
Editora: Bandeirante
Intérprete: Ângela Maria
Acompanhamento: Orquestra e coro
Gravadora | Disco | Matriz: RCA Victor | 80-1043-A | SB-093486
Gravação: 23/09/1952
Lançamento: dez./1952

Título: **MARCHINHA DO PINTOR**
Gênero: Marcha
Autoria: Antonio Nássara / Roberto Martins
Editora: Irmãos Vitale
Intérprete: Linda Batista
Acompanhamento: Luiz Americano e seu Regional
Gravadora | Disco | Matriz: Victor | 34.860-A | S-052417
Gravação: 12/11/1941
Lançamento: jan./1942

Título: **MARGARIDA COCHILOU, A**
Gênero: Samba
Autoria: Roberto Martins / Antonio Nássara
Editora: Irmãos Vitale
Intérprete: Arnaldo Amaral
Acompanhamento: Conjunto de Benedito Lacerda
Gravadora | Disco | Matriz: Columbia | 55.349-A | 526-1
Gravação: 21/05/1942
Lançamento: jun./1942

Título: **MARIA DA SORTE**
Gênero: Marcha
Autoria: Antonio Nássara / Wilson Baptista
Editora: Todamerica
Intérprete: Ivete Garcia
Acompanhamento: Orquestra
Gravadora | Disco | Matriz: Todamerica | TA-5.659-A | TA-989
Gravação: 30/08/1956
Lançamento: jan./1957

Título: **MARIA ROSA**
Gênero: Marcha
Autoria: Antonio Nássara
Editora: Mangione
Intérprete: Francisco Alves
Acompanhamento: Orquestra Odeon sob direção de Simon Bountman
Gravadora | Disco | Matriz: Odeon | 11.087-B | 4761
Gravação: 05/12/1933
Lançamento: jan./fev./1934

Título: **MARIDO DA EVA**
Gênero: Marcha
Autoria: Antonio Nássara / Sebastião Fonseca
Segundo UBC: Somente de Antonio Nássara
Editora: Irmãos Vitale
Intérprete: Francisco Alves
Acompanhamento: Diabos do Céu
Gravadora | Disco | Matriz: Victor | 34.033-A | 80077-1
Gravação: 07/01/1936
Lançamento: fev./1936

Título: **ME QUEIMEI**
Gênero: Samba
Autoria: Antonio Nássara / Walfrido Silva
Editora: Irmãos Vitale
Intérprete: Francisco Alves
Acompanhamento: Diabos do Céu
Gravadora | Disco | Matriz: Victor | 34.038-A | 80100-1
Gravação: 28/01/1936
Lançamento: fev./1936

Título: **MENINA PRESIDÊNCIA, A**
Gênero: Marcha
Autoria: Antonio Nássara / Cristóvão de Alencar
Editora: Irmãos Vitale
Intérprete: Silvio Caldas
Acompanhamento: Orquestra Odeon
Gravadora | Disco | Matriz: Odeon | 11.450-A | 5468
Gravação: 28/11/1936
Lançamento: jan./1937

Título: **MEU AMOR BAMBOLEAVA**
Gênero: Samba
Autoria: Antonio Nássara / Roberto Martins
Editora: Irmãos Vitale
Intérprete: Carlos Galhardo
Acompanhamento: Orquestra
Gravadora | Disco | Matriz: Victor | 34.673-A | 52001-1
Gravação: 12/09/1940
Lançamento: nov./1940

Título: **MEU CONSOLO É VOCÊ**
Gênero: Samba
Autoria: Antonio Nássara / Roberto Martins
Editora: Mangione
Intérprete: Orlando Silva
Acompanhamento: Orquestra Victor Brasileira
Gravadora | Disco | Matriz: Victor | 34.386-A | 80916-3
Gravação: 06/12/1938
Lançamento: dez./1938

Título: **MEU PRIMEIRO AMOR**
Gênero: Samba
Autoria: Valdemar de Abreu "Dunga" / Antonio Nássara
Editora: Fermata
Intérprete: Carlos Galhardo
Acompanhamento: Regional
Gravadora | Disco | Matriz: RCA Victor | 80-0715-A | S-092757
Gravação: 18/09/1950
Lançamento: nov./1950

Título: **MEU SÃO JOÃO**
Gênero: Marcha
Autoria: Antonio Nássara / Orestes Barbosa
Gênero: Irmãos Vitale
Intérprete: Francisco Alves
Acompanhamento: Diabos do Céu sob direção de Pixinguinha
Gravadora | Disco | Matriz: Victor | 33.944-B | 79874-1
Gravação: 16/04/1935
Lançamento: jul./1935

Título: **MINHA ESTRELA É VOCÊ**
Gênero: Beguine
Autoria: Antonio Nássara / Jair Amorim
Editora: Sony / Todamerica
Intérprete: Maria Lopes
Acompanhamento: Orquestra
Gravadora | Disco | Matriz: Todamerica | TA-5.885-B | TA-100265
Gravação: 04/11/1959
Lançamento: 1960
Intérprete: Jairo Aguiar
Acompanhamento: Orquestra
Gravadora | Disco | Matriz: Copacabana | 6.169 | M-2783
Lançamento: 1960

Título: **MINHA FRIGIDEIRA**
Gênero: Samba
Autoria: Antonio Nássara / Roberto Cunha
Editora: Todamerica
Intérprete: Ademilde Fonseca
Acompanhamento: Orquestra
Gravadora | Disco | Matriz: Todamerica | TA-5.116-B | TA-211
Gravação: 18/10/1951
Lançamento: nov./1951

Título: **MINHA LINDA HINDU**
Segundo UBC: **Minha hindu**
Gênero: Marcha
Autoria: Wilson Baptista / Antonio Nássara
Editora: Bandeirante
Intérprete: Nelson Gonçalves
Acompanhamento: Orquestra e coro
Gravadora | Disco | Matriz: RCA Victor | 80-1013-B | SB-093437
Gravação: 27/08/1952
Lançamento: nov./1952

Título: **MUITO MAIS**
Gênero: Marcha
Autoria: Antonio Nássara / Francisco Alves
Editora: Irmãos Vitale
Intérprete: Mario Reis
Acompanhamento: Diabos do Céu e coro
Gravadora | Disco | Matriz: Victor | 33.898-B | 79814-1
Gravação: 16/01/1935
Lançamento: fev./1935

Título: **MULHER DEVE CASAR, A**
Gênero: Batucada
Autoria: Antonio Nássara / Antonio Almeida
Editora: Todamerica
Intérprete: Déo

Acompanhamento: Geraldo Medeiros e seu conjunto
Gravadora | Disco | Matriz: Continental | 16.134-B | 2192
Gravação: 18/11/1949
Lançamento: jan./1950

Título: **MULHER E A GALINHA, A**
Gênero: Marcha
Autoria: J. Batista / Antonio Nássara
Editora: Sem informação
Intérprete: Dircinha Batista
Acompanhamento: Guari e sua orquestra
Gravadora | Disco | Matriz: Odeon | 12.911-A | 8441
Gravação: 04/11/1948
Lançamento: jan./1949

Título: **MULHER QUE EU MAIS AMAVA, A**
Gênero: Marcha
Autoria: Antonio Nássara / Eratóstenes Frazão
Editora: Irmãos Vitale
Intérprete: Castro Barbosa
Acompanhamento: Diabos do Céu
Gravadora | Disco | Matriz: Victor | 34.265-B | 80668-1
Gravação: 29/12/1937
Lançamento: jan./1938

Título: **MUNDO DE ZINCO**
Gênero: Samba
Autoria: Antonio Nássara / Wilson Baptista
Editora: Fermata
Intérprete: Jorge Goulart
Acompanhamento: Severino Araújo e sua orquestra Tabajara
Gravadora | Disco | Matriz: Continental | 16.497-B | C-2758
Gravação: 22/10/1951
Lançamento: jan./fev./1952

Título: **MUNDO VAI SE ACABAR, O**
Segundo UBC: **O mundo vai acabar**
Gênero: Marcha
Autoria: Cristóvão de Alencar / Antonio Nássara
Editora: Irmãos Vitale
Intérprete: Dircinha Batista
Acompanhamento: Fon Fon e sua orquestra
Gravadora | Disco | Matriz: Odeon | 12.101-B | 6855
Gravação: 18/11/1941
Lançamento: jan./1942

Título: **MÚSICA PRA SERPENTE DANÇAR**
Gênero: Marcha
Autoria: Antonio Nássara / Haroldo Lobo
Editora: Irmãos Vitale

INTÉRPRETE: Marilu
ACOMPANHAMENTO: La Falce e sua orquestra
GRAVADORA | DISCO | MATRIZ: Victor | 34.852-A | S-052401
GRAVAÇÃO: 27/10/1941
LANÇAMENTO: jan./1942

TÍTULO: **NA CASA DO SEU TOMÁS**
GÊNERO: Marcha
AUTORIA: Antonio Nássara / Jota Cascata
EDITORA: Irmãos Vitale
INTÉRPRETE: Dircinha Batista
ACOMPANHAMENTO: Orquestra Odeon sob direção de Simon Bountman
GRAVADORA | DISCO | MATRIZ: Odeon | 11.689-A | 5977
GRAVAÇÃO: 24/11/1938
LANÇAMENTO: fev./1939

TÍTULO: **NA MÃO DIREITA**
GÊNERO: Samba
AUTORIA: Antonio Nássara / Mario Lago
EDITORA: Mangione
INTÉRPRETE: Silvio Caldas
ACOMPANHAMENTO: Orquestra Victor Brasileira
GRAVADORA | DISCO | MATRIZ: Victor | 34.387-A | 80928-1
GRAVAÇÃO: 07/11/1938
LANÇAMENTO: dez./1938

TÍTULO: **NÃO ADIANTA NEM SANFONA**
GÊNERO: Toada joanina
AUTORIA: Antonio Nássara / J. Ruy
EDITORA: Todamerica
INTÉRPRETE: Trio Melodia
ACOMPANHAMENTO: Orquestra
GRAVADORA | DISCO | MATRIZ: Continental | 16.078-B | 2077
GRAVAÇÃO: 1949
LANÇAMENTO: mai./jun./1949

TÍTULO: **NÃO DOU CONSELHOS**
GÊNERO: Samba
AUTORIA: Antonio Nássara / Erasmo Silva
EDITORA: Todamerica
INTÉRPRETE: Ernani Filho
ACOMPANHAMENTO: Orquestra e coro
GRAVADORA | DISCO | MATRIZ: Sinter | 00-00.099-B | S-206
LANÇAMENTO: jan./1952

TÍTULO: **NÃO VOLTAREI ATRÁS**
GÊNERO: Samba
AUTORIA: Antonio Nássara / Jota Cascata
EDITORA: Bandeirante
INTÉRPRETE: Luiz Bandeira
ACOMPANHAMENTO: Orquestra e coro
GRAVADORA | DISCO | MATRIZ: Sinter | 00-00.442-B | S-979
LANÇAMENTO: nov./dez./1955

Título: **NINGUÉM VEM OUVIR MEUS AIS**
Gênero: Samba
Autoria: Antonio Nássara / Jota Cascata
Intérprete: Nelson Gonçalves
Acompanhamento: Regional
Gravadora | Disco | Matriz: Victor | 34.959-B | S-052559
Gravação: 23/06/1942
Lançamento: set./1942

Título: **NO CÉU É ASSIM**
Gênero: Marcha
Autoria: Antonio Nássara / Haroldo Lobo
Editora: Irmãos Vitale
Intérprete: Nelson Gonçalves
Acompanhamento: Orquestra
Gravadora | Disco | Matriz: Victor | 80-0231-B | S-078051-1
Gravação: 13/09/1944
Lançamento: dez./1944

Título: **NÓS QUEREMOS UMA VALSA**
Gênero: Valsa carnavalesca
Autoria: Antonio Nássara / Eratóstenes Frazão
Editora: Irmãos Vitale
Intérprete: Carlos Galhardo
Acompanhamento: Orquestra
Gravadora | Disco | Matriz: Victor | 34.708-A 52089
Gravação: 21/12/1940
Lançamento: fev./1941
Intérprete: Luiz Gonzaga (acordeom)
Acompanhamento: Violões
Gravadora | Disco | Matriz: Victor | 34.768-A | 52210
Gravação: 12/05/1941
Lançamento: jul./1941

Título: **NOSSAS VIDAS SEMPRE IGUAIS**
Segundo Mangione: **Nossas vidas**
Gênero: Samba-canção
Autoria: Antonio Nássara / Eratóstenes Frazão
Editora: Irmãos Vitale / Mangione
Intérprete: Orlando Silva
Acompanhamento: Orquestra Odeon sob direção de Lírio Panicali
Gravadora | Disco | Matriz: Odeon | 12.352-A | 7345
Gravação: 27/07/1943
Lançamento: set./1943

Título: **NUNCA MAIS**
Gênero: Samba
Autoria: Antonio Nássara / Cristóvão de Alencar
Editora: Irmãos Vitale
Intérprete: Silvio Caldas
Acompanhamento: Benedito Lacerda e seu conjunto Regional

Gravadora | Disco | Matriz: Odeon | 11.450-B | 5482
Gravação: 08/12/1936
Lançamento: jan./1937

Título: **NUNCA PENSEI**
Gênero: Samba
Autoria: Antonio Nássara / Rubens Soares
Editora: Irmãos Vitale
Intérprete: Araci de Almeida
Acompanhamento: Conjunto Regional RCA Victor
Gravadora | Disco | Matriz: Victor | 34.242-B | 80590-1
Gravação: 12/08/1937
Intérprete: dez./1937

Título: **Ó LALÁ**
Gênero: Marcha
Autoria: Antonio Nássara / J. Batista
Intérprete: Roberto Paiva
Acompanhamento: Severino Araújo e sua orquestra Tabajara
Gravadora | Disco | Matriz: Continental | 15.983-B | 1996
Lançamento: jan./1949

Título: **Ó LELÉ, Ó LALÁ**
Gênero: Marcha
Autoria: Silvio Caldas / Antonio Nássara
Intérprete: Silvio Caldas
Acompanhamento: Orquestra Victor Brasileira
Gravadora | Disco | Matriz: Victor | 34.400-A | 80948-1
Gravação: 01/12/1938
Lançamento: jan./1939

Título: **OBRIGADO DOUTOR**
Gênero: Samba
Autoria: Antonio Nássara / Roberto Martins
Editora: Fermata
Intérprete: Silvio Caldas
Acompanhamento: Severino Araújo e sua orquestra Tabajara
Gravadora | Disco | Matriz: Continental | 16.140-B | 2214
Gravação: nov./1949
Lançamento: jan./1950

Título: **OLHA PRA LUA**
Gênero: Marcha
Autoria: Antonio Nássara / Cristóvão de Alencar
Editora: Irmãos Vitale
Intérprete: Francisco Alves
Acompanhamento: Diabos do Céu sob direção de Pixinguinha
Gravadora | Disco | Matriz: Victor | 33.801-A | 79603-1

Gravação: 13/04/1934
Lançamento: jul./1934

Título: **ONDE MORAS TU (MARIETA)**
Gênero: Marcha
Autoria: Antonio Nássara / Eratóstenes Frazão
Editora: Irmãos Vitale
Intérprete: Murilo Caldas
Acompanhamento: Orquestra
Gravadora | Disco | Matriz: V ctor | 34.538-A | 33246
Gravação: 27/10/1939
Lançamento: dez./1939

Título: **PALHAÇO SERAFIM**
Gênero: Marcha
Autoria: Antonio Nássara / Eratóstenes Frazão
Editora: Irmãos Vitale
Intérprete: Silvino Neto (Anestésio)
Acompanhamento: Luiz Americano e seu Regional
Gravadora | Disco | Matriz: Victor | 34.862-B | S-052423
Gravação: 13/11/1941
Lançamento: jan./1942

Título: **PARA O SAMBA ENTRAR NO CÉU**
Gênero: Samba
Autoria: Almirante / J. Ruy / Antonio Nássara
Editora: Irmãos Vitale
Intérprete: Almirante
Acompanhamento: Bando de Tangarás
Gravadora | Disco | Matriz: Victor | 33.490-A | 65260-2
Gravação: 16/10/1931
Lançamento: dez./1931

Título: **PAREI COM ELAS**
Gênero: Marcha
Autoria: Antonio Nássara / Alberto Ribeiro
Editora: Irmãos Vitale
Intérprete: Francisco Alves
Acompanhamento: Diabos do Céu
Gravadora | Disco | Matriz: Victor | 34.131-A | 80260-1
Gravação: 18/11/1936
Lançamento: jan./1937

Título: **PASSARINHO**
Gênero: Samba
Autoria: Hervê Cordovil / Antonio Nássara
Editora: Mangione
Intérprete: Silvio Caldas
Acompanhamento: Conjunto Brasileiro de Hervê Cordovil
Gravadora | Disco | Matriz: Odeon | 11.415-B | 5415
Gravação: 13/10/1936
Lançamento: dez./1936

Título: **PAZ NA TERRA**
Gênero: Marcha
Autoria: Antonio Nássara / Eratóstenes Frazão
Editora: Irmãos Vitale
Intérprete: Orlando Silva
Acompanhamento: Abel e sua orquestra
Gravadora | Disco | Matriz: Odeon | 12.593-A | 7808
Gravação: 30/04/1945
Lançamento: jun./1945

Título: **PELO AMOR DE DEUS**
Segundo UBC: **Pelo amor de Deus, amor**
Gênero: Samba
Autoria: Antonio Nássara / Valdemar de Abreu "Dunga"
Editora: Irmãos Vitale
Intérprete: Déo
Acompanhamento: Benedito Lacerda e seu conjunto
Gravadora | Disco | Matriz: Columbia | 55.376-A | 555-2
Gravação: 04/09/1942
Lançamento: out./1942

Título: **PENSANDO EM TI**
Gênero: Samba
Autoria: Antonio Nássara / Castro Barbosa
Editora: Irmãos Vitale
Intérprete: Araci de Almeida
Acompanhamento: Diabos do Céu
Gravadora | Disco | Matriz: Victor | 34.152-B | 80305-1
Gravação: 21/12/1936
Lançamento: mar./1937

Título: **PERDIDO DE AMOR**
Gênero: Samba-canção
Autoria: Jota Cascata / Antonio Nássara
Editora: Todamerica
Intérprete: Léo Vaz
Acompanhamento: Orquestra
Gravadora | Disco | Matriz: Todamerica | TA-5.862-A | TA-100238
Gravação: 06/10/1959
Lançamento: 1959

Título: **PERIQUITINHO VERDE**
Gênero: Marcha
Autoria: Antonio Nássara / Sá Roriz
Editora: Irmãos Vitale
Intérprete: Dircinha Batista
Acompanhamento: Conjunto Regional
Gravadora | Disco | Matriz: Odeon | 11.553-A | 5719
Gravação: 29/11/1937
Lançamento: jan./1938

TÍTULO: **PIERRÔ DO SÉCULO XX**
AUTORIA: Antonio Nássara / Jota Cascata
EDITORA: Mangione
SEM DATA
FONTE: Mangione

TÍTULO: **PIMENTA-MALAGUETA**
GÊNERO: Marcha
AUTORIA: Antonio Nássara / Salvador Miceli
EDITORA: Todamerica
INTÉRPRETE: Ruy Rey
ACOMPANHAMENTO: Severino Araújo e sua orquestra Tabajara
GRAVADORA | DISCO | MATRIZ: Continental | 16.136-A | 2203
GRAVAÇÃO: 18/11/1949
LANÇAMENTO: jan./1950

TÍTULO: **POESIA DE LITÍGIO CONJUGAL ALIENÍGENA**
AUTORIA: Millôr Fernandes / Antonio Nássara
SEM DATA
FONTE: Depoimento de Millôr a Carlos Didier, 04/10/1999

TÍTULO: **POMBINHA BRANCA**
SEGUNDO UBC: **MINHA POMBINHA BRANCA**
GÊNERO: Marcha
AUTORIA: Antonio Nássara / Wilson Baptista
EDITORA: Fermata
INTÉRPRETE: Gilberto Milfont
ACOMPANHAMENTO: Orquestra
GRAVADORA | DISCO | MATRIZ: RCA Victor | 80-0850-A | S-093061
GRAVAÇÃO: 06/09/1951
LANÇAMENTO: dez./1951

TÍTULO: **PORQUE VOCÊ VOLTOU**
GÊNERO: Valsa
AUTORIA: Antonio Nássara / J. Ruy
EDITORA: Irmãos Vitale
INTÉRPRETE: Francisco Alves
ACOMPANHAMENTO: Orquestra Copacabana sob direção de Simon Bountman
GRAVADORA | DISCO | MATRIZ: Odeon | 11.505-B | 5627
GRAVAÇÃO: 27/07/1937
LANÇAMENTO: set./1937

TÍTULO: **PORTA-BANDEIRA**
GÊNERO: Samba
AUTORIA: Antonio Nássara / Roberto Martins
EDITORA: Todamerica
INTÉRPRETE: Emilinha Borba
ACOMPANHAMENTO: Conjunto Regional
GRAVADORA | DISCO | MATRIZ: Continental | 15.979-B | 2000
LANÇAMENTO: jan./1949

Título: **QUE BAIXO**
Gênero: Marcha
Autoria: Antonio Nássara / Noel Rosa
Editora: Mangione
Intérprete: Araci de Almeida
Acompanhamento: Conjunto Regional RCA Victor
Gravadora | Disco | Matriz: Victor | 34.007-B | 80051-1
Gravação: 17/12/1935
Lançamento: jan./1936

Título: **QUE DEUS TE AJUDE**
Gênero: Marcha
Autoria: Antonio Nássara / Castro Barbosa
Editora: Irmãos Vitale / Mangione
Intérprete: Joel & Gaúcho
Acompanhamento: Orquestra Odeon sob direção de Simon Bountman
Gravadora | Disco | Matriz: Odeon | 11.419-A | 5406
Gravação: 06/10/1936
Lançamento: dez./1936

Título: **QUE É QUE VOCÊ QUER MAIS, O**
Gênero: Samba
Autoria: Antonio Nássara / Roberto Martins
Editora: Irmãos Vitale
Intérprete: Francisco Alves
Acompanhamento: Diabos do Céu
Gravadora | Disco | Matriz: Victor | 34.131-B | 80262-1
Gravação: 8/11/1936
Lançamento: jan./1937

Título: **QUE É TEU ESTÁ GUARDADO, O**
Gênero: Samba
Autoria: Roberto Martins / Antonio Nássara
Editora: Irmãos Vitale
Intérprete: Silvio Caldas
Acompanhamento: Benedito Lacerda e seu conjunto Regional
Gravadora | Disco | Matriz: Odeon | 11.448-B | 5483
Gravação: 08/12/1936
Lançamento: jan./1937

Título: **QUE VIDA É ESSA?**
Gênero: Samba
Autoria: Antonio Nássara / Roberto Martins
Editora: Mangione
Intérprete: Ciro Monteiro
Acompanhamento: Regional
Gravadora | Disco | Matriz: Victor | 34.470-B | 33078-1
Gravação: 30/05/1939
Lançamento: ago./1939

TÍTULO: **QUEM ENFEZOU O BOI?**
GÊNERO: Sem informação
AUTORIA: Antonio Nássara / Haroldo Lobo
EDITORA: Irmãos Vitale
SEM DATA
FONTE: UBC

TÍTULO: **QUEM FOI?**
GÊNERO: Marcha
AUTORIA: Haroldo Lobo / Antonio Nássara
EDITORA: Irmãos Vitale
INTÉRPRETE: Marilu
ACOMPANHAMENTO: La Falce e sua orquestra
GRAVADORA | DISCO | MATRIZ: Victor | 34.852-B | S-052402
GRAVAÇÃO: 27/10/1941
LANÇAMENTO: jan./1942

TÍTULO: **QUEM NÃO CHORA NÃO MAMA**
GÊNERO: Sem informação
AUTORIA: Antonio Nássara / Roberto Martins
EDITORA: Irmãos Vitale
SEM DATA
FONTE: UBC

TÍTULO: **QUEM SERÁ?**
GÊNERO: Marcha
AUTORIA: Antonio Nássara / Jota Cascata
EDITORA: Bandeirante
1958
FONTE: UBC

TÍTULO: **QUERIDA LEONOR**
GÊNERO: Marcha
AUTORIA: Antonio Nássara / Eratóstenes Frazão
EDITORA: Mangione
INTÉRPRETE: Orlando Silva
ACOMPANHAMENTO: Radamés Gnattali e sua orquestra
GRAVADORA | DISCO | MATRIZ: Odeon | 12.400-A | 7429
GRAVAÇÃO: 26/11/1943
LANÇAMENTO: jan./1944

TÍTULO: **QUERO DEIXAR DE SOFRER**
GÊNERO: Sem informação
AUTORIA: Antonio Nássara
EDITORA: Irmãos Vitale
SEM DATA
FONTE: UBC

TÍTULO: **QUERO SONHAR**
GÊNERO: Marcha
AUTORIA: Valdemar de Abreu "Dunga" / Antonio Nássara
EDITORA: Copacor
INTÉRPRETE: Alcides Gerardi
GRAVADORA | DISCO | MATRIZ: Columbia | CB-11.095-A | CBO-1828
LANÇAMENTO: jan./1959

TÍTULO: **QUESTÃO DE VEZ**
GÊNERO: Samba
AUTORIA: Antonio Nássara / Mario Lago
EDITORA: Irmãos Vitale
INTÉRPRETE: Bando da Lua
GRAVADORA | DISCO | MATRIZ: Victor | 34.259-A | 80617-1
GRAVAÇÃO: 20/11/1937
LANÇAMENTO: dez./1937

TÍTULO: **QUISERA AMÁ-LA**
GÊNERO: Marcha
AUTORIA: Luiz Barbosa / Antonio Nássara
EDITORA: Irmãos Vitale / Mangione
INTÉRPRETE: Luiz Barbosa
ACOMPANHAMENTO: Diabos do Céu
GRAVADORA | DISCO | MATRIZ: Victor | 34.013-A | 80062-1
GRAVAÇÃO: 27/12/1935
LANÇAMENTO: jan./1936

TÍTULO: **RECRUTA BIRUTA**
GÊNERO: Marcha
AUTORIA: Antonio Almeida / Antonio Nássara / Alberto Ribeiro
EDITORA: Todamerica
INTÉRPRETE: Garotos da Lua
ACOMPANHAMENTO: Regional
GRAVADORA | DISCO | MATRIZ: Todamerica | TA-5.027-A | TA-53
GRAVAÇÃO: 09/10/1950
LANÇAMENTO: nov./1950

TÍTULO: **REI ZULU**
GÊNERO: Marcha
AUTORIA: Antonio Nássara / Antonio Almeida
EDITORA: Todamerica
INTÉRPRETE: Blecaute
ACOMPANHAMENTO: Severino Araújo e sua orquestra Tabajara
GRAVADORA | DISCO | MATRIZ: Continental | 16.149-A | 2177
GRAVAÇÃO: 1949
LANÇAMENTO: jan./1950

TÍTULO: **REMA REMA (BARQUEIRO SEM VOGA)**
GÊNERO: Marcha
AUTORIA: Antonio Nássara / Haroldo Lobo
EDITORA: Irmãos Vitale
INTÉRPRETE: Francisco Alves
ACOMPANHAMENTO: Orquestra Odeon sob direção de Simon Bountman
GRAVADORA | DISCO | MATRIZ: Odeon | 11.701-A | 5991
GRAVAÇÃO: 13/12/1938
LANÇAMENTO: fev./1939

Título: **REMÉDIO É ESSE, O**
Gênero: Samba
Autoria: Valdemar de Abreu "Dunga" / Antonio Nássara
Editora: Bandeirante
Intérprete: Zezinho
Acompanhamento: Orquestra e coro
Gravadora | Disco | Matriz: Odeon | 14.154 | RIO-11384
Gravação: 22/10/1956
Lançamento: fev./1957

Título: **RESTINHO DE AMOR**
Gênero: Samba
Autoria: Antonio Nássara / Osvaldinho
Segundo UBC: Oswaldo dos Santos
Editora: Bandeirante (ed.)
Intérprete: Isaura Garcia
Acompanhamento: Conjunto
Gravadora | Disco | Matriz: RCA Victor | 80-1407-B | BE4-VB-0574
Gravação: 10/09/1954
Lançamento: mar./1955

Título: **RESTO EU FAÇO, O**
Gênero: *Fox-trot*
Autoria: Wilson Baptista / Antonio Nássara
Editora: Sem informação
Intérprete: Célia Vilela
Acompanhamento: Conjunto
Gravadora | Disco | Matriz: Todamerica | TA-5.636-A | TA-958
Gravação: 10/07/1956
Lançamento: 1956

Título: **RETIRO DA SAUDADE**
Gênero: Marcha
Autoria: Antonio Nássara / Noel Rosa
Editora: Irmãos Vitale
Intérprete: Francisco Alves & Carmen Miranda
Acompanhamento: Diabos do Céu
Gravadora | Disco | Matriz: Victor | 33.827-A | 79676-1
Gravação: 10/09/1934
Lançamento: out./1934

Título: **SABEMOS LUTAR**
Gênero: Marcha patriótica
Autoria: Antonio Nássara / Eratóstenes Frazão
Editora: Irmãos Vitale
Intérprete: Francisco Alves
Acompanhamento: Fon Fon e sua orquestra
Gravadora | Disco | Matriz: Odeon | 12.121-A | 6897
Gravação: 14/01/1942
Lançamento: mar./1942

TÍTULO: **SABREMOS LUCHAR**
VERSÃO DE **SABEMOS LUTAR**
GÊNERO: Marcha patriótica
AUTORIA: Nássara / Frazão / Magalhães Jr. / P. Frischauer
EDITORA: Irmãos Vitale
INTÉRPRETE: Francisco Alves & Bob Lazy
ACOMPANHAMENTO: Fon Fon e sua orquestra
GRAVADORA | DISCO | MATRIZ: Odeon | 12.121-B | 6896
GRAVAÇÃO: 14/01/1942
LANÇAMENTO: mar./1942

TÍTULO: **SAI QUINTA COLUNA**
GÊNERO: Marcha
AUTORIA: Antonio Nássara / Eratóstenes Frazão
EDITORA: Irmãos Vitale
INTÉRPRETE: Joel & Gaúcho
ACOMPANHAMENTO: Fon Fon e sua orquestra
GRAVADORA | DISCO | MATRIZ: Odeon | 12.260-B | 7160
GRAVAÇÃO: 05/01/1943
LANÇAMENTO: fev./1943

TÍTULO: **SALDO A FAVOR**
GÊNERO: Samba
AUTORIA: Antonio Nássara
1929-1931
FONTE: Depoimento de Nássara ao MIS, 12/12/1968

TÍTULO: **SALOMÉ**
GÊNERO: Marcha
AUTORIA: Antonio Nássara / Haroldo Lobo
EDITORA: Irmãos Vitale
INTÉRPRETE: Eladir Porto
ACOMPANHAMENTO: Passos e sua orquestra
GRAVADORA | DISCO | MATRIZ: Victor | 34.868-A | S-052437
GRAVAÇÃO: 02/12/1941
LANÇAMENTO: jan./1942

TÍTULO: **SALVE O DOUTOR**
GÊNERO: Sem informação
AUTORIA: Antonio Nássara / Roberto Martins
EDITORA: Fermata
SEM DATA
FONTE: UBC

TÍTULO: **SALVE O MARQUÊS**
GÊNERO: Marcha
AUTORIA: Antonio Nássara / Roberto Martins
EDITORA: Fermata / Irmãos Vitale
INTÉRPRETE: Silvio Caldas
ACOMPANHAMENTO: Severino Araújo e sua orquestra Tabajara
GRAVADORA | DISCO | MATRIZ: Continental | 16.140-A | 2216
GRAVAÇÃO: nov./1949
LANÇAMENTO: jan./1950

Título: **SALVE O MARUJO**
Gênero: Marcha
Autoria: Jota Cascata / Antonio Nássara
Editora: Bandeirante
Intérprete: Neusa Maria
Acompanhamento: Pixinguinha e sua orquestra e coro
Gravadora | Disco | Matriz: Sinter | 519-A | S-1120
Gravação: 1956
Lançamento: jan./1957

Título: **SALVE, SALVE MARQUES REBELO**
Gênero: Marcha
Autoria: Antonio Nássara
1964
Fonte: Depoimento de Nássara ao MIS, 12/12/1968

Título: **SAMBA DE BOTAFOGO**
Gênero: Samba-rumba
Autoria: Antonio Nássara / Eratóstenes Frazão
Editora: Mangione
Intérprete: Dircinha Batista
Acompanhamento: Conjunto Odeon sob direção de Simon Bountman
Gravadora | Disco | Matriz: Odeon | 11.868-B | 6369
Gravação: 09/05/1940
Lançamento: jul./1940

Título: **SAMBA DE COPACABANA**
Gênero: Samba
Autoria: Antonio Nássara / Eratóstenes Frazão
Editora: Irmãos Vitale / Mangione
Intérprete: Ciro Monteiro
Acompanhamento: Benedito Lacerda e seu Regional
Gravadora | Disco | Matriz: Victor | 80-0119-A | S-052798-1
Gravação: 05/07/1943
Lançamento: out./1943

Título: **SAMBA É UM LAMENTO, O**
Gênero: Samba
Autoria: Antonio Nássara / Jota Cascata
Editora: Todamerica
Sem data
Fonte: UBC

Título: **SAMBA LELÊ, SAMBA LALÁ**
Gênero: Marcha
Autoria: Antonio Nássara / Valdemar de Abreu "Dunga"
Editora: Irmãos Vitale
Intérprete: Ciro Monteiro
Acompanhamento: Orquestra
Gravadora | Disco | Matriz: Victor | 80-0243-A | S-078070-1
Gravação: 13/10/1944
Lançamento: jan./1945

Título: **SÃO DOIS LOUCOS**
Gênero: Samba
Autoria: Antonio Nássara / Jota Cascata
Editora: Fermata
Intérprete: Nora Ney
Acompanhamento: Severino Araújo e sua orquestra Tabajara
Gravadora | Disco | Matriz: Continental | 17.506-A | C-4044
Gravação: 29/10/1957
Lançamento: nov./dez./1957

Título: **SE ELA PERGUNTAR POR MIM**
Segundo UBC: **Se ela perguntar**
Gênero: Samba
Autoria: Antonio Nássara / Roberto Martins
Editora: Fermata
Intérprete: Nelson Gonçalves
Acompanhamento: Regional
Gravadora | Disco | Matriz: RCA Victor | 80-0736-B | S-092799
Gravação: 19/10/1950
Lançamento: dez./1950

Título: **SEGREDO EM BOCA DE MULHER**
Gênero: Marcha
Autoria: Antonio Nássara / Eratóstenes Frazão
Editora: Irmãos Vitale
Intérprete: Gilberto Alves
Acompanhamento: Orquestra Odeon sob direção de Simon Bountman
Gravadora | Disco | Matriz: Odeon | 11.956-A | 6558
Gravação: 12/12/1940
Lançamento: fev./1941

Título: **SEM IAIÁ NÃO VOU**
Gênero: Marcha
Autoria: Antonio Nássara / Roberto Martins
Editora: Mangione
Intérprete: Nuno Roland
Acompanhamento: Orquestra Odeon
Gravadora | Disco | Matriz: Odeon | 11.674-A | 5957
Gravação: 04/11/1938
Lançamento: jan./1939

Título: **SEMPRE MANGUEIRA**
Gênero: Samba
Autoria: Antonio Nássara / Wilson Baptista / Jorge de Castro
Editora: J. Loureiro (ed.)
Intérprete: Jorge Goulart
Acompanhamento: Severino Araújo e sua orquestra Tabajara
Gravadora | Disco | Matriz: Continental | 17.502-B | C-4042
Gravação: 29/10/1957
Lançamento: nov./dez./1957

TÍTULO: **SEM TRABALHO, O**
GÊNERO: Toada sertaneja
AUTORIA: Heckel Tavares / Luiz Peixoto / Eratóstenes Frazão / Noel Rosa
PARÓDIA DE SUÇUARANA
INTÉRPRETE: Luiz Antonio (Antonio Nássara)
ACOMPANHAMENTO: Henrique Vogeler (Piano)
GRAVADORA | DISCO | MATRIZ: Parlophon | 13.358-A | 131257
LANÇAMENTO: 1931

TÍTULO: **SEREIA**
GÊNERO: Samba
AUTORIA: Antonio Nássara / Valdemar de Abreu "Dunga"
EDITORA: Irmãos Vitale
INTÉRPRETE: Silvio Caldas
ACOMPANHAMENTO: Luiz Americano e seu Regional
GRAVADORA | DISCO | MATRIZ: Victor | 34.958-A | S-052556
GRAVAÇÃO: 19/06/1942
LANÇAMENTO: set./1942

TÍTULO: **SEREIA DA AREIA**
SEGUNDO UBC: **SEREIA D'AREIA**
GÊNERO: Marcha
AUTORIA: Antonio Nássara / Antonio Almeida / João de Barro
EDITORA: Todamerica
INTÉRPRETE: Marlene
ACOMPANHAMENTO: Vero e sua orquestra
GRAVADORA | DISCO | MATRIZ: Continental | 16.509-B | C-2777
GRAVAÇÃO: 25/10/1951
LANÇAMENTO: jan./fev./1952

TÍTULO: **SEREIA DE COPACABANA**
GÊNERO: Marcha
AUTORIA: Antonio Nássara / Wilson Baptista
EDITORA: Fermata
INTÉRPRETE: Jorge Goulart
ACOMPANHAMENTO: Severino Araújo e sua orquestra Tabajara
GRAVADORA | DISCO | MATRIZ: Continental | 16.323-A | 2451
GRAVAÇÃO: set./1950
LANÇAMENTO: jan./1951

TÍTULO: **SERENATA MORREU, A**
GÊNERO: Marcha
AUTORIA: Antonio Nássara / Roberto Martins
EDITORA: Fermata
INTÉRPRETE: Carlos Augusto
ACOMPANHAMENTO: Orquestra e coro
GRAVADORA | DISCO | MATRIZ: Sinter | 00-00.435-A | S-983
LANÇAMENTO: nov./dez./1955

Título: **SETE E MEIA**
Gênero: Marcha
Autoria: Antonio Nássara / Eratóstenes Frazão
Editora: Irmãos Vitale
1941
Fonte: UBC

Título: **SETE GALINHAS**
Gênero: Marcha
Autoria: Rubens Soares / Antonio Nássara
Editora: Irmãos Vitale
Intérprete: Quatro Ases e Um Coringa
Gravadora | Disco | Matriz: Odeon | 12.541-A | 7708
Gravação: 21/11/1944
Lançamento: jan./1945

Título: **SÓ FALTA PANCADA**
Gênero: Samba
Autoria: Roberto Cunha / Antonio Nássara
Editora: Sem informação
Intérprete: Araci de Almeida
Acompanhamento: Conjunto Regional RCA Victor
Gravadora | Disco | Matriz: Victor | 34.356-A | 80790-1
Gravação: 09/05/1938
Lançamento: set./1938

Título: **SORVETE IAIÁ**
Gênero: Marcha
Autoria: Antonio Nássara / Alberto Ribeiro
Editora: Irmãos Vitale
Intérprete: Luiz Barbosa
Acompanhamento: Diabos do Céu
Gravadora | Disco | Matriz: Victor | 34.013-B | 80063-1
Gravação: 27/12/1935
Lançamento: jan./1936

Título: **TALVEZ DIGAM QUE É VAIDADE**
Gênero: Samba
Autoria: Mario Lago / Antonio Nássara
Editora: Irmãos Vitale / Mangione
Intérprete: Déo
Acompanhamento: Regional de Benedito Lacerda
Gravadora | Disco | Matriz: Columbia | 55.461-B | 656
Lançamento: set./1943

Título: **TENS DE COMPREENDER**
Gênero: Samba
Autoria: Antonio Nássara
Editora: Irmãos Vitale
Intérprete: Araci de Almeida
Acompanhamento: Grupo do Canhoto

Gravadora | Disco | Matriz: Victor | 33.997-A | 79892-1
Gravação: 24/04/1935
Lançamento: dez./1935

Título: **TEU NOME**
Gênero: Marcha
Autoria: Antonio Nássara / Eratóstenes Frazão
Editora: Irmãos Vitale / Mangione
Intérprete: Nilton Paz
Acompanhamento: Napoleão e seus Soldados Musicais
Gravadora | Disco | Matriz: Columbia | 55.257-B | 349
Gravação: 12/11/1940
Lançamento: jan./1941

Título: **TIPO SETE (TIPO 7)**
Gênero: Marcha
Autoria: Antonio Nássara / Alberto Ribeiro
Editora: Irmãos Vitale
Intérprete: Francisco Alves
Acompanhamento: Orquestra Odeon e coro
Gravadora | Disco | Matriz: Odeon | 11.090-A | 4770
Gravação: 18/12/1933
Lançamento: jan./fev./1934

Título: **TODO O BARULHO É POUCO**
Gênero: Marcha
Autoria: Antonio Nássara / Roberto Martins
Editora: Mangione
Intérprete: Joel & Gaúcho
Acompanhamento: Fon Fon e sua orquestra
Gravadora | Disco | Matriz: Columbia | 55.191-B | 227-2
Gravação: 04/11/1939
Lançamento: jan./1940

Título: **TOME MAIS UM CHOPE**
Segundo UBC: **Toma mais um chope**
Gênero: Marcha
Autoria: Antonio Nássara
Editora: Irmãos Vitale
Intérprete: Carmen Miranda
Acompanhamento: Diabos do Céu sob direção de Pixinguinha
Gravadora | Disco | Matriz: Victor | 33.858-B | 79721-1
Gravação: 10/10/1934
Lançamento: dez./1934

Título: **TRABALHO E BEBIDA**
Segundo UBC: **Bebida e trabalho**
Gênero: Marcha
Autoria: Antonio Nássara / Jota Cascata

Editora: Todamerica
Intérprete: Os Sinuelos
Acompanhamento: Orquestra
Gravadora | Disco | Matriz: Sinter | 601-B | S-1297-L
Lançamento: 1958

Título: **TRACO QUALQUER, UM**
Gênero: Samba
Autoria: Antonio Nássara / Eratóstenes Frazão
Editora: Irmãos Vitale
Intérprete: Gilberto Alves
Acompanhamento: Orquestra Odeon sob direção de Simon Bountman
Gravadora | Disco | Matriz: Odeon | 11.956-B | 6559
Gravação: 12/12/1940
Lançamento: fev./1941

Título: **TREME TREME**
Gênero: Marcha
Autoria: Antonio Nássara / Haroldo Lobo
Editora: Mangione
Intérprete: Anjos do Inferno
Gravadora | Disco | Matriz: Columbia | 55.324-A | 503-1
Lançamento: jan./1942

Título: **TUDO OKEY**
Autoria: Antonio Nássara / Eratóstenes Frazão
Editora: Irmãos Vitale / Mangione
Sem data
Fonte: UBC

Título: **UMA PORTA E UMA JANELA**
Gênero: Marcha
Autoria: Antonio Nássara / Roberto Martins
Editora: Irmãos Vitale
Intérprete: Francisco Alves
Acompanhamento: Diabos do Céu
Gravadora | Disco | Matriz: Victor | 34.002-B | 80036-2
Gravação: 12/12/1935
Lançamento: jan./1936

Título: **VAIDADE**
Gênero: Samba
Autoria: Cristóvão de Alencar / Antonio Nássara
Editora: Mangione
Intérprete: Murilo Caldas
Acompanhamento: Gente do Morro
Gravadora | Disco | Matriz: Columbia | 22.176-B | 381.384-2
Lançamento: jan./1933

Título: **VAMOS SARAVÁ**
Gênero: Marcha
Autoria: Antonio Nássara / Eratóstenes Frazão
Editora: Irmãos Vitale
Intérprete: Ciro Monteiro
Acompanhamento: La Falce e sua orquestra
Gravadora | Disco | Matriz: Victor | 34.847-B | S-052276
Gravação: 21/10/1941
Lançamento: dez./1941

Título: **VESTIDOS DA MARIA, OS**
Gênero: Samba
Autoria: Antonio Nássara / Dunga
Editora: Todamerica
Intérprete: Os Boêmios
Acompanhamento: Canhoto e seu conjunto
Gravadora | Disco | Matriz: Todamerica | TA-5.009-B | TA-18
Gravação: 26/07/1950
Lançamento: out./1950

Título: **VIDA COM AMOR**
Autoria: Antonio Nássara / Alcir Pires Vermelho
Sem data
Fonte: UBC

Título: **VIDA DE GALO**
Gênero: Batucada
Autoria: Haroldo Lobo / Antonio Nássara
Editora: Irmãos Vitale
Intérprete: Quatro Ases e Um Coringa
Gravadora | Disco | Matriz: Odeon | 12.526-B | 7689
Gravação: 24/10/1944
Lançamento: dez./1944

Título: **VIOLÃO QUE CHORA**
Gênero: Samba-canção
Autoria: Antonio Nássara / Castro Barbosa
Editora: Irmãos Vitale / Mangione
Intérprete: Dircinha Batista
Acompanhamento: Orquestra Odeon sob direção de Simon Bountman
Gravadora | Disco | Matriz: Odeon | 11.660-A | 5926
Gravação: 15/09/1938
Lançamento: nov./1938

Título: **VIVER EM PAZ**
Gênero: Marcha
Autoria: Antonio Nássara / Salvador Miceli
Editora: Todamerica
Intérprete: Dupla Verde e Amarelo
Acompanhamento: Orquestra

Gravadora | Disco | Matriz: Todamerica | TA-5.020-A | TA-39
Gravação: 22/09/1950
Lançamento: nov./1950

Título: **VOCÊ DEVIA SABER**
Gênero: Samba
Autoria: Antonio Nássara / Valdemar de Abreu "Dunga"
Editora: Copacor
1958
Fonte: UBC

Título: **VOCÊ É QUEM BRILHA**
Gênero: Marcha
Autoria: Antonio Nássara / Alberto Ribeiro
Editora: Irmãos Vitale
Intérprete: Mario Reis
Acompanhamento: Orquestra Odeon
Gravadora | Disco | Matriz: Odeon | 11.321-A | 5233
Gravação: 02/01/1936
Lançamento: jan./1936

Título: **VOCÊ ME PAGA O QUE FEZ**
Gênero: Samba
Autoria: Antonio Nássara
Editora: Irmãos Vitale
Intérprete: Araci de Almeida
Acompanhamento: Boêmios da Cidade
Gravadora | Disco | Matriz: Victor | 34.214-A | 80393-1
Gravação: 04/05/1937
Lançamento: out./1937

Título: **VOLTA PARA O MEU BARRACÃO**
Autoria: Antonio Nássara / Peterpan
Editora: Todamerica
Sem data
Fonte: UBC

Título: **VOU BOTAR NO FOGO**
Gênero: Samba
Autoria: Antonio Nássara / Wilson Baptista
Intérprete: Campeões Cariocas de Futebol de 1942, Flamengo
Acompanhamento: Regional
Gravadora | Disco | Matriz: Victor | 80-0046-A | S-052662
Gravação: 23/11/1942
Lançamento: jan./1943

Título: **VOU DE CARAVELA**
Gênero: Marcha
Autoria: Antonio Nássara
Editora: Irmãos Vitale
1935
Fonte: UBC

Título: **VOU FAZER UMA PERGUNTA**
Gênero: Samba
Autoria: Cristóvão de Alencar / Antonio Nássara
Editora: Irmãos Vitale
Intérprete: Arnaldo Amaral
Acompanhamento: Orquestra Odeon
Gravadora | Disco | Matriz: Odeon | 11.195-B | 4962
Gravação: 06/12/1934
Lançamento: fev./1935

Título: **VOU LHE PEDIR UM FAVOR**
Gênero: Samba
Autoria: Antonio Nássara / Cristóvão de Alencar
Editora: Irmãos Vitale
Intérprete: Joel & Gaúcho
Acompanhamento: Orquestra Odeon sob direção de Simon Bountman
Gravadora | Disco | Matriz: Odeon | 11.419-B | 5407
Gravação: 06/10/1936
Lançamento: dez./1936

Título: **VOU PRA GOIÁS**
Gênero: Samba
Autoria: Wilson Baptista / Antonio Nássara / Jorge de Castro
Editora: J. Loureiro (ed.)
Intérprete: Nelson Gonçalves
Acompanhamento: Orquestra e coro
Gravadora | Disco | Matriz: RCA Victor | 80-1714-B | BE6-VB-1319
Gravação: 21/09/1956
Lançamento: jan./1957

Título: **VOU PRA PERNAMBUCO**
Gênero: Frevo-canção
Autoria: Antonio Nássara / Eratóstenes Frazão
Editora: Irmãos Vitale
Intérprete: Déo
Acompanhamento: Orquestra Severino Araújo
Gravadora | Disco | Matriz: Continental | 15.247-A | 961-1
Lançamento: jan./1945

Resumo

232 Composições de Antonio Nássara

1 apenas como intérprete: ***O sem trabalho***
1 versão para o espanhol: ***Sabremos luchar***
Total: 234

Fontes

Discografia Brasileira em 78 rpm, 1902-1964. Rio de Janeiro: Funarte, 1982. Autores: Alcino Santos, Grácio Barbalho, Jairo Severiano, Miguel Ângelo de Azevedo, o Nirez; 2ª edição, Nirez, base de dados, sem data.
Editora Mangione, base de dados, www.mangione.com.br, sem data.
Enciclopédia da Música Brasileira: erudita, folclórica e popular. São Paulo: ART Editora, 1977.
UBC — União Brasileira de Compositores, base de dados, www.ubc.org.br, sem data.

Índice

A

Abdula e Abdala, 191
Abel, 208, 219
abelha e a flor, A, 127
Abismo de rosas, 98
Abreu, Valdemar de ("Dunga"), 191, 192, 195, 201, 202, 206, 208, 210, 212, 219, 222, 224, 226, 228, 232, 233
Abreu, Waldo de, 54
Acredite quem quiser, 191
Adeus Araci, 191
Aguiar, Jairo, 213
Ai Adhemar, 192
Ai, Ioiô, 46
Ai que dor, 192
Alá-la-ô, 9, 13, 123, 168, 192
Alberto, João, 59, 60
Albin, Ricardo Cravo, 13, 149
Albuquerque, Alfredo, 24
Alegria de pobre, 192
Aleluia, 192
Alencar, Cristóvão de, 26, 46, 89, 90, 195, 196, 197, 198, 203, 205, 208, 209, 212, 214, 216, 217, 231, 234
Almeida, Antonio, 195, 203, 213, 223, 228
Almeida, Araci de, 103, 182, 197, 201, 205, 207, 209, 217, 219, 221, 229, 233
Almeida, Joel de, 209
Almeida, Oscar de, 117, 118
Almirante, 42, 43, 101, 102, 103, 105, 148, 149, 150, 151, 193, 203, 218
Alves, Ataulfo, 103, 202, 208
Alves, Francisco, 27, 32, 35, 36, 49, 50, 59, 64, 65, 77, 78, 81, 86, 88, 96, 103, 144, 145, 191, 196, 197, 200, 205, 206, 207, 211, 212, 213, 217, 218, 220, 221, 223, 224, 225, 230, 231
Alves, Gilberto, 103, 227, 231
Amaral, Arnaldo, 26, 70, 211, 234
Amaral, Odete, 182, 192, 202
A. M. E. I., 87, 88, 191
Americana, 139, 192

Americano, Luiz, 60, 210, 218, 228
Amores de uma princesa (ou Caraboo), 24
Amorim, Carlos Alberto, 178
Amorim, Jair, 206, 209, 213
Anastácio, 193
André Filho, 83
Anjos do Inferno, 103, 199, 201, 231
Anne, princesa, 141
Antonio, Luiz (Antonio Nássara), 46, 50, 52, 53, 54, 72, 209, 228
Antonio Vargas Heredia, 27
Apanhei um resfriado, 101
Aporelly, 178
Aranha, Oswaldo, 89
Araújo, Mario Travassos de, 70
Araújo, Severino, 193, 198, 202, 204, 207, 214, 217, 220, 223, 225, 227, 228
Arca de Noé, 102, 193
Argentina, Império, 27
Assis, Machado de, 25
Até amanhã, 65
Átila, Carlos, 166
Atty, Mayu, 206
Augusto, Carlos, 228
Ay, Mary Cruz, 27
Azevedo, Leonel, 101

B

Babo, Lamartine, 59, 64, 65, 80, 81, 85, 87, 133, 144, 196
Bahut, Eduardo, 17
Bahut, Nicolau, 17
Balzac, Honoré de, 132, 134, 135, 136, 149
Balzaquiana, 133, 134, 135, 136, 193
Bando da Lua, 103, 197, 223
Bandeira, Luiz, 215
Baptista, Wilson, 9, 132, 133, 134, 135, 157, 166, 193, 194, 197, 198, 201, 205, 207, 210, 211, 213, 214, 220, 224, 227, 228, 233, 234
Barata, 18
Barba-azul, 193
Barba cresceu, A, 193
Barbosa, Castro, 64, 203, 214, 219, 221, 232
Barbosa, Francisco de Assis, 135, 137
Barbosa, Haroldo, 160
Barbosa, Iracema Neves, 139, 170, 171, 177, 178, 179, 180, 181, 182, 183, 184, 185, 186, 187, 188, 189
Barbosa, Luiz, 18, 26, 46, 56, 57, 60, 65, 70, 75, 103, 144, 195, 196, 203, 223, 229
Barbosa, Marília, 13
Barbosa, Orestes, 9, 10, 21, 35, 36, 57, 59, 60, 65, 68, 72, 74, 76, 81, 91, 92, 115, 127, 149, 150, 153, 158, 164, 168, 172, 196, 208, 212
Barbosa, Ruy, 149
Barcelos, Alcebíades, 107
Barro, João de, 65, 228
Barros, Hermenegildo de, 92
Barros, João Alberto Lins de, 59

Barros, João Petra de, 70, 75, 103, 196
Barros, João Ribeiro de, 16
Barros, José Antônio Nonato Duque Estrada de, 14, 113
Barroso, Ary, 42, 49, 85, 86, 109, 133, 146, 197, 200, 203, 206
Bastos, Nilton, 145
Batalha de confete, 194
Batendo (o) meu tamborim, 194
Batista, Dircinha, 103, 182, 191, 195, 196, 200, 205, 214, 215, 219, 226, 232
Batista, Linda, 103, 183, 195, 197, 210
Batista Júnior, 102
Batendo meu tamborim, 194
Batucada, 43
Batuque na cozinha, 194
Beija-flor, 194
Bergamini, Adolfo, 48
Bide, 145
Bittencourt, Edmundo, 61
Boa companheira, 194
Boêmios, Os, 232
Bom elemento, 49
Bom pastor, 194
Bonito papel hein, 195
Borba, Emilinha, 103, 204, 208, 220
Borba, Osvaldo, 202
Borocochô, 195
Bororó, 125
Bota mais um chope, 195
Bountman, Simon, 191, 193, 195, 196, 198, 200, 203, 204, 205, 209, 211, 215, 220, 221, 223, 226, 227, 231, 232, 234
Braga, Newton, 16
Braguinha, 43, 104, 105
Brancura, 36
Briga de marido e mulher, 195
Britto, Waldemar de, 106
Brizola, 189
Bungalow, 35

C

Cabral, Sacadura, 16
Cabral, Sérgio, 105, 155
Cadência, 87, 88, 196
Cadê o toucinho, 195
Caixa Econômica, 9, 74, 75, 76, 129, 196
Caldas, Murilo, 196, 218, 231
Caldas, Silvio, 24, 27, 71, 89, 103, 106, 110, 111, 144, 198, 203, 205, 212, 215, 216, 217, 218, 221, 225, 228
Calma no Brasil, 196
Camisa amarela, 109, 146
Camisa listada, 104, 105
Canhoto, 232
canto da sereia, O, 196
canto do sabiá, O, 196
Caramuru, 196
Cardillo, Salvatore, 82
Cardoso, Ismerino, 60

Cardoso, Moraes, 117, 119
Carequinha, 206
Carlos, Francisco, 205
Carlos, J., 37
Carnaval em família, 197
Carneirinho, 197
Cartola, 9, 67
Caruso, Chico, 162, 173
Caruso, Enrico, 82
Carvalho, J. B. de, 101
Carvalho, Rodolpho de, 61
Cascata, Jota, 193, 199, 200, 201, 207, 209, 215, 216, 219, 220, 222, 226, 227, 230
Casé, Ademar, 54, 55, 56, 144
Casé, Graziela, 54
Casé, Rafael, 55
Castro, Jorge de, 210, 227, 234
Castro, Tarso de, 155
Cavalcanti, Carlos, 29
Cavalcanti, Di, 78, 200
Cavalcanti, Flávio, 148, 149
Celestino, Radamés, 104
Celestino, Vicente, 27, 32
Charles, príncipe, 141
Chase, Newell, 46, 209
Chevalier, Maurice, 46, 209
Chico Viola, 197
Chiribiribi qua-quá, 197
Cidade de São Sebastião, 197
Cidade maravilhosa, 83, 84
Cinquini, Vasco, 16
cinzeiro de (da) Zazá, O, 198
Claudius, 155, 157
Como é seu nome?, 198
Com que roupa?, 42, 49
Conversa de botequim, 131
Coração ingrato, 52, 82, 83, 84, 198
Cordeiro, Calixto, 177
Cordeiro, Mário, 59
Cordiais saudações, 49
Cordiferro, Riccardo, 82
Cordovil, Hervê, 218
correio já chegou, O, 78
Costa, Carmen, 182
Costa, Claudino, 24
Costa, Fernando, 34
Costa, José Batista da, 204, 214, 217
Costa, Nelson, 59
Cotrim, Álvaro, 74
Coutinho, Gago, 16
craque do tamborim, O, 153, 198
Cristóbal, Julio, 49
Cruz, Oswaldo, 24
Cuidado com essa morena, 198
Cunha, Pery, 49
Cunha, Roberto, 213, 229
Cuore ingrato, 82, 83

D

Da cor do pecado, 125
Dahio, Antonio, 22

Dahio, Uahyba, 19, 22, 26
dança dos cossacos, A, 199
Dá nela, 42, 113
Danúbio azulou, O, 199
Deixa essa mulher chorar, 36
Déo, 204, 207, 213, 219, 229, 234
De papo cheio, 199
Depois de trinta e cinco, 199
Depois que você me deixou, 199
Desengano, 120
Despertar do Pierrô, 117, 118
Desprezo, 199
Dias, João, 204
Dibe, Marianna, 22
Di Cavalcanti imortal, 200
Didier, Francisco, 169
Direito de pecar, 200
Disse um poeta, 200
Djalma, 60
Dois amores, 200
Dona Aracy, 49
Dona Helena, 200
Dono do meu afeto, 200
Drummond, Innocêncio Pillar, 104
Duas negativas, 201
Dupla Verde e Amarelo, 232

E

Eduardo VIII, 141
E lucevan le stelle, 87
É frio ou quente, 201
É o maior, 201
É ou não é, 201
É tudo meu, 201
Ela é boa, mas é minha, 202
Ele gosta, 202
Elisabeth, rainha, 141
Ensaio geral, 202
Ernani Filho, 215
Espanhola diferente, 202
Eta, seu Chico Barbosa, 202
Etcheverry, Jean, 138, 139
Eu agora vou gritar, 203
Eu peço e você não dá, 203
Eu quero ver quebrar, 203
Eu vi você chorando, 203
Eu vou-me embora, 203
Eu vou pra Vila, 34, 49
Evans, Mr., 123

F

Faça o mesmo, 203
Faceira, 146
falce, La, 193, 215, 222, 232
Falte tudo, 204
Favorita do sultão, 204
Feitiço da Vila, 131
Feitio de oração, 131
Fernandes, Francisco, 158
Fernandes, Hélio, 158, 159

Fernandes, Jorge, 144
Fernandes, Maria Viola, 158
Fernandes, Millôr, 9, 10, 155, 156, 158, 159, 160, 161, 162, 163, 166, 167, 173, 177, 220
Festa no céu, 33
Figueiredo, João Baptista, 166, 167, 186
Figueroa, 37, 38, 44
Fim de romance, 204
Finot, Madame, 19
Fita amarela, 65
Flauta de bambu, 204
Florisbela, 9, 106, 107, 108, 109, 110, 111, 204
Foi milagre, 205
Fonseca, Ademilde, 103, 213
Fonseca, Sebastião, 211
Fonseca, Sylvio da, 98, 119
Fontes, Lourival, 115, 137
Fontes, Sebastião, 29
Fontoura, João Neves da, 15
Formenti, Gastão, 48, 144
Formosa, 9, 64, 65, 68, 70, 77, 113, 205
Forrobodó, O, 205
Fortuna, 155, 157
Franceschi, Humberto, 124
Francisconi, 39
Francis, Paulo, 156
Frazão, Eratóstenes, 9, 48, 50, 52, 57, 82, 87, 88, 106, 118, 119, 191, 192, 195, 196, 198, 199, 200, 201, 203, 204, 206, 214, 216, 218, 219, 222, 224, 225, 226, 227, 228, 229, 230, 231, 232, 234
Frazão, Sebastião Alves, 48
Freitas, Paulo Bezerra de, 22
Friml, Rudolf, 77
Frischauer, P., 225
Furacão, 205
futuro do Juquinha, O, 206

G

Gagarin, 181
Gago apaixonado, 49
Galhardo, Carlos, 13, 103, 123, 191, 192, 193, 194, 199, 201, 206, 212, 216
Garcia, Isaura, 224
Garcia, Ivete, 211
Gardel, Carlos, 27
Garota colossal, 85, 86, 206
Garota travessa, 206
Garotos da Lua, 223
General general, 206
Gerardi, Alcides, 222
Gill, Rubem, 61
Gnattali, Radamés, 110, 111, 222
Gomes, Bruno Ferreira, 166
Gonçalves, Nelson, 103, 213, 216, 227, 234
Gonzaga, Luiz, 216
Gosto, mas não é muito, 49
Gosto que me enrosco, 31, 32
Goulart, Jorge, 103, 193, 198, 207, 209, 214, 227, 228
Gouvêa, Luiz Marques, 22

Graças a Deus, 206
gregos eram assim, Os, 207
Grim, Leo, 48
Guari, 214
Guevara, Andrès, 37, 44, 137, 138
Gugliemi, Louis, 134
Guimarães, Afonso ("Afonsinho"), 194

H
Hamilton, Nei, 42, 53, 103, 110, 119, 121, 122
Hammerstein II, Oscar, 77
Hanout, Marianna, 22
Harbach, Otto, 77
Há uma forte corrente contra você, 78
Henfil, 156, 157
Hermógenes, 45
História antiga, 207
História da favela, 207
Hitler, Adolf, 178

J
J. Batista, 214, 217
J. Ruy, 9. 18, 42, 65, 205, 215, 218, 220
Jacomino, Américo, 98
Jaguar, 9, 155, 156, 157, 173
Já jurei, 207
Já passava das onze, 207
Jararaca, 204
Jardim da infância, 208
jardineira, A, 108, 109
Jingle: Bragança, 208
Jingle: Jornada, 208
Jingle: O camiseiro, 208
João pouca roupa, 208
Joel & Gaúcho, 199, 203, 221, 225, 230, 234
Julieta, 52
Jurei, 207, 208
Jurema, 189
Juro, 105

K
Khoury, Simon, 64, 102, 117, 156, 162

L
Labarthe, Ilka, 104, 115, 116
Lacerda, Benedito, 204, 206, 211, 216, 219, 221, 226, 229
Lacerda, Carlos, 59
Lacerda, Maurício de (Filho), 59
Ladeira, César, 144
Lago, Mario, 204, 215, 223, 229
Lágrimas, 27
lavadeiras, As, 208
Lazy, Bob, 225
Lenço no pescoço, 132
lenda do pastor, A, 209
Lentine, Carlos, 60
Leoncavallo, Ruggero, 80

Leoni, Anilza, 191
Lessa, Ivan, 156
Lima, Helena de, 153, 198
Lima, Pedro Motta, 97
Lima, Vasco, 117
Linda brincadeira, 209
Linda morena, 65
Linda suburbana, 209
Lobo, Haroldo, 9, 105, 115, 120, 121, 122, 133, 191, 192, 194, 202, 205, 207, 208, 214, 216, 222, 223, 225, 231, 232
Lopes, Maria, 213
Loredano, Cássio, 23, 173
Lourival, Uriel, 27
Lua indiscreta, 209
Luís, Washington, 15
Lustosa, Isabel, 137
Lyra, José, 67

M

Machado, Carmen, 70
Maciel Filho, José Soares, 59
Maciel, Luiz Carlos, 155
Maciste, 67
Magalhães Jr., 225
Magalhães, Paulo de, 104
Magalhães Júnior, Raimundo, 68
Maggioli, Henrique, 35
mais bonita do Brasil, A, 209
Malandro medroso, 49
Malandro sofredor, 146
Mal de fome, 46, 47, 209
Mano a mano, 27
Mão no remo, 49
Marcha do capacho, 210
Marcha do lenhador, 210
Marcha do pião, 210
Marcha do soluço, 210
Marchinha do pintor, 210
Margarida cochilou, A, 211
Maria, Ângela, 210
Maria da sorte, 211
Maria, Neusa, 226
Maria Rosa, 77, 78, 80, 81, 211
Marido da Eva, 211
Marilu, 193, 215, 222
Marlene, 228
Marques, Arlindo, 202, 208
Marques Júnior, 192
Marschall, Sam, 24
Martinez, Jaime Ruy, 18
Martins, Mário, 59
Martins, Roberto, 9, 62, 69, 106, 107, 193, 199, 210, 211, 212, 217, 220, 221, 222, 225, 227, 228, 230, 231
Mas como... outra vez?!, 65
Mattos, Eurycles de, 39
Máximo, João, 107
Medeiros, Geraldo, 70, 214

menina presidência, A, 89, 90, 212
Me queimei, 211
Mesquita, Custódio, 60, 70, 71, 75, 76, 129, 144, 196
Meu amor bamboleava, 212
Meu companheiro, 59
Meu consolo é você, 9, 106, 107, 110, 111, 212
Meu primeiro amor, 212
Meu São João, 212
Miceli, Salvador, 220, 232
Milfont, Gilberto, 220
Minha estrela é você, 213
Minha frigideira, 213
Minha (linda) hindu, 213
Minha vida (Minha viola), 33, 34
Miranda, Aurora, 144
Miranda, Carmen, 96, 103, 129, 130, 131, 144, 224, 230
Molambo, 49
Mon ideal, 46, 209
Monteiro, Ciro, 103, 194, 195, 221, 226, 232
Monteiro Filho, 117
Moraes Filho, Mello, 25
Moreira, Juliano, 37
Moreira, Nestor, 98, 99
Moreninha da praia, 65
Moreyra, Álvaro, 67
Moreyra, Eugênia Álvaro, 67
Motta, Carlos, 59
Moura, Luís de, 94, 95
Muito mais, 213
Mulata fuzarqueira, 49
mulher deve casar, A, 213
mulher e a galinha, A, 214
mulher que eu mais amava, A, 214
Müller, Filinto, 86, 92
Mundo de zinco, 9, 157, 214
mundo vai (se) acabar, O, 214
Música pra serpente dançar, 214

N

Na casa do seu Tomás, 215
Na mão direita, 215
Não adianta nem sanfona, 215
Não dou conselhos, 215
Não voltarei atrás, 215
Nássara, Aglayde, 26
Nássara, Arteobela, 26
Nássara, Catarina, 26
Nássara, Estela, 26
Nássara, Gabriel Jorge, 19, 21, 22, 23, 26, 46, 70
Nássara, Jorge, 19, 22, 26, 46
Nássara, Mariana, 26
Nasser, David, 48, 209
Negrão, João, 16
Nelsinho, maestro, 153, 198
Neves, Cândido das, 27
Neves, Eduardo das, 117, 118
Ney, Nora, 227

Ninguém vem ouvir meus ais, 216
Ninho deserto, 96
Nóbrega, Manoel de, 193, 201
No céu é assim, 216
Nonô, 49, 60, 75, 144
Nós queremos uma valsa, 118, 119, 216
Nossas vidas sempre iguais, 216
Nunca jamais, 49
Nunca mais, 216
Nunca pensei, 217
Nunes, Lauro Sarno, 57

O

Obrigado doutor, 217
Ó lalá, 217
Ó lelé, ó lalá, 217
Olha pra lua, 217
Oliveira, Alberto de, 19
Oliveira, Aloísio de, 130
Oliveira, Armando Salles de, 89
Oliveira, João Batista de, 194
Oliveira, Milton de, 105, 115, 116, 145, 146
Onde moras tu (Marieta), 218
Ora vejam só, 32
Osvaldinho, 199, 206, 224, 248

P

Padilla, José, 87
Pagã, Rosina, 182
Paiva, Roberto, 103, 217
Palhaço Serafim, 218
Panicali, Lírio, 201, 204, 216
Paraíso, Antonio Xisto, 69, 71
Para o samba entrar no céu, 42, 43, 218
Parei com elas, 218
Paródia de Suçuarana, 49, 228
Passarinho, 218
passarinho do relógio, O, 120
Pastorinhas, 105
Patineurs, Les, 118
Paz na Terra, 219
Paz, Nilton, 200, 230
Pederneiras, Raul, 173
Peixoto, José Maria Pinto, 25
Peixoto, Luiz, 48, 150, 228
Pelo amor de Deus, 219
Pena, Alceu, 159
Pensando em ti, 219
Perdido de amor, 219
Pereira, Alfredo, 71
Pereira, Fernando, 83
Pereira, Guilherme, 127
Pereira, Jacy, 60
Pereira, Maciel, 48
Pereira, Sá, 49
Periquitinho verde, 102, 103, 104, 105, 219
Pessoa, Alfredo, 115
Pessoa, Epitácio, 15
Pessoa, João, 15
Peterpan, 202, 233
Philip, príncipe, 141

Piaf, Édith, 134
Pierrô do século XX, 220
Pierrô e colombina, 117
Pimenta-malagueta, 220
Pimentel, Carlos, 66, 67
Pinto Filho, 69
Pixinguinha, 64, 86, 88, 96, 110, 111, 119, 123, 125, 155, 197, 206, 212, 217, 226, 230
Pombinha branca, 220
Porque você voltou, 220
Porta-Bandeira, 220
Portela, Paulo da, 67
Porter, Cole, 131
Portinari, 179
Porto, Eladir, 225
Porto, Sérgio, 155, 156, 178
Positivismo, 164
Pra que mentir?, 131
Prestes, Júlio, 15
Primeiro amor, 65
Puccini, Giacomo, 87, 88

Q

Quatro Ases e Um Coringa, 103, 229, 232
Que baixo, 221
Que Deus te ajude, 221
que é que você quer mais, O, 221
que é teu está guardado, O, 221
Quem dá mais?, 49
Quem enfezou o boi?, 222
Quem foi?, 222
Quem não chora não mama, 222
Quem será?, 222
Querida Leonor, 222
Quero deixar de sofrer, 222
Quero sonhar, 222
Questão de vez, 223
Que vida é essa?, 221
Quisera amá-la, 223

R

Rangel, Lúcio, 146, 155
Rato, rato, rato, 24
Rebelo, Marques, 149, 153, 154
Rechiflao en mi tristeza, 27
Recruta biruta, 223
Reis, Armando, 26
Reis, Júlio César do Lago (J. Reis), 67
Reis, Luís, 153, 194, 198
Reis, Mario, 31, 32, 35, 36, 49, 50, 60, 64, 65, 71, 103, 144, 205, 213, 233
Rei Zulu, 223
Rema rema (Barqueiro sem voga), 223
remédio é esse, O, 224
Restinho de amor, 224
Resto eu faço, O, 224
Retiro da saudade, 9, 95, 96, 164, 224
Rey, Ruy, 202, 220
Ribeiro, Alberto, 80, 83, 104, 114, 115, 194, 200, 207, 218, 223, 229, 230, 233
Ribeiro, Silvio Salema Garção, 53

Ride palhaço, 80, 81
Rios, Cinara, 197
Roberti, Roberto, 192, 202, 208
Robin, Léo, 46, 209
Rocha, Casemiro, 24
Rodrigues Augusto, 159
Rodrigues, Lupicínio, 179
Rodrigues, Mário, 9, 38, 44, 66
Rodrigues, Nelson, 9, 44, 45, 67
Rodrigues, Roberto, 38
Rodrigues Filho, Mário (Lula), 44, 45, 66, 173
Roland, Nuno, 227
Roriz, José de Sá, 101, 193, 196, 204, 219
Rosa, Manuel, 33
Rosa, Martha, 33, 98, 99
Rosa, Noel, 9, 10, 26, 28, 33, 34, 42, 48, 49, 50, 52, 60, 65, 71, 75, 85, 94, 95, 96, 97, 98, 99, 105, 131, 133, 144, 146, 148, 150, 155, 161, 162, 163, 164, 166, 167, 169, 221, 224, 228
Rosas, Jacy, 18
Rose Marie, 77, 79, 80
Ruy, Evaldo, 96, 159

S

Sabemos lutar, 224, 225
Sabremos luchar, 225, 235
Sai quinta coluna, 225
Saldo a favor, 18, 19, 21, 225
Salema, Silvio, 53, 54
Salomé, 225
Salve o doutor, 225
Salve o marquês, 225
Salve o marujo, 226
Salve, salve Marques Rebelo, 226
Samba da boa vontade, 49
Samba de Botafogo, 226
Samba de Copacabana, 226
Samba é um lamento, O, 226
Samba lelê, samba lalá, 226
Santos, Américo Pereira dos, 61, 62, 63
Santos, Isa Pereira dos, 63
Santos, Ivo Pereira dos, 61, 63
Santos, Maria Rosa dos, 63
Santos, Oswaldo dos (Osvaldinho), 199, 206, 224
São dois loucos, 227
Saroldi, Luís Carlos, 42, 53, 103, 110, 119, 121, 122
Se ela perguntar por mim, 227
Segredo em boca de mulher, 227
Seja breve, 75
Sem iaiá não vou, 227
Sempre Mangueira, 227
Sem trabalho, O, 46, 47, 48, 50, 52, 228, 235
Sereia, 228
Sereia da areia, 228
Sereia de Copacabana, 228
serenata morreu, A, 228
Sete e meia, 229
Sete galinhas, 229
Se você jurar, 113

Silva, Erasmo, 215
Silva, Ernâni, 65
Silva, Ismael, 9, 60, 67, 107, 145
Silva, Mara, 210
Silva, Orlando, 27, 103, 106, 110, 111, 144, 164, 199, 201, 204, 207, 208, 212, 216, 219, 222
Silva, Walfrido, 60, 211
Silveira, Joel, 127
Silvino Neto (Anestésio), 218
Simon, Michel, 135
Simpson, Wallis, 141
Sinhô, 31, 32
Sinuelos, Os, 231
Soares, José Eduardo Macedo, 39
Soares, Rubens, 106, 192, 194, 207, 217, 229
Só falta pancada, 229
Só pode ser você, 131
Sorvete iaiá, 229
Souto, Eduardo, 43
Souza, Alcídio Mafra de, 172
Souza, Rivadávia de, 81
Stothart, Herbert, 77
Suçuarana, 48, 49, 50, 228

T

Talvez digam que é vaidade, 229
Tavares, Heckel, 48, 228
Teixeira, Nilton, 209
Teixeira, Patrício, 60, 144
Tens de compreender, 229
Terezinha de Jesus, 89
Teu cabelo não nega, 64, 65, 66, 113
Teu nome, 230
Tipo sete, 78, 80, 81, 83, 230
Todo o barulho é pouco, 230
Tojeiro, Jota, 64, 113
Tome mais um chope, 129, 230
Touradas em Madri, 104
Trabalho e bebida, 230
traco qualquer, Um, 231
Trem blindado, 65
Treme treme, 231
Trindade, Zé, 210
Trombone, Candinho, 125
Trundle, Guy Marcus, 141
tua vida é um segredo, A, 65
Tudo okey, 231
Tute, 60

U

Uma porta e uma janela, 231

V

Vadico, 42, 131
Vaidade, 229, 231
Vaidosa, 49
Valença, João, 64
Valença, Raul, 64
Valente, Assis, 104

Valsa dos patinadores, 119
Vamos saravá, 232
Vargas, Getúlio, 15, 82, 137, 139
Vaz, Léo, 219
Veiga, Armênio Mesquita, 49, 50
Vermelho, Alcir Pires, 195, 232
Vero, 228
vestidos da Maria, Os, 232
Viana, Martins, 25
Vianna, Fernando de Mello, 15
Vianna, Glauco, 70
Vianna, Mário Gonçalves, 62
Victor, Coro, 194
Vida com amor, 232
Vida de galo, 232
Vidigal, Bêbe, 125, 126
vie en rose, La, 134
Vilela, Célia, 224
Viola, Antonio, 159
Vivas, Bernardino, 104
Viver em paz, 232
Você devia saber, 233
Você é quem brilha, 233
Você me paga o que fez, 233
Vogeler, Henrique, 46, 210, 228
Vogeler, Jaime, 198
Voltaire, 149
Volta para o meu barracão, 233
Vou botar no fogo, 233
Vou de caravela, 233
Vou fazer uma pergunta, 234
Vou lhe pedir um favor, 234
Vou pra Goiás, 234
Vou pra Pernambuco, 234

W

Wainer, Samuel, 127, 137, 138, 141
Waldteufel, Émile, 118, 119
Wehrs, Carlos, 31
Whiting, Richard, 46, 209

X

Xavier, Manuelito, 18
Xexéo, Mônica, 172
Xexéo, Pedro Martins Caldas, 172

Z

Zezinho, 202, 224
Ziraldo, 155, 157

Este livro foi impresso nas oficinas da
DISTRIBUIDORA RECORD DE SERVIÇOS DE IMPRENSA S.A.
Rua Argentina, 171 – São Cristóvão – Rio de Janeiro, RJ
para a
EDITORA JOSÉ OLYMPIO LTDA.
em novembro de 2010

*

78º aniversário desta Casa de livros, fundada em 29.11.1931